# 걱정 마! 생리

**일러두기**

본문에 나오는 각주는 독자의 이해를 위해 옮긴이가 단 것입니다.

본문에 나오는 기호는 다음 기준에 따라 쓴 것입니다.

《 》: 단행본

〈 〉: 사전, 신문, 잡지, 영화, 인터넷사이트 등

# 걱정 마! 생리

클라라 헨리 지음 황덕령 옮김

고래이야기

# 왜 생리를 부끄러워해야 하는가?

## 내 생리 나이는 여덟 살!

난 생리를 8년째 하니까 앞으로도 30년 가까이 더 해야 해. 여성은 평균 35~38년 정도 생리를 하거든. 생리를 할 땐 낮보다 밤이 더 무서워. 내가 좀 유별나서 그런지 밤에 악몽을 자주 꾸거든. 스트레스가 이만 저만이 아니야. 너희는 생리를 며칠 동안 하니? 나는 보통 6일 정도 생리를 해. 첫 이틀 정도는 자는 동안 피가 꼭 생리대 밖으로 새어 나와. 온갖 생리대를 다 써봤는데 어쩔 수 없더라고.

💧탐폰은 여성의 질 속에 삽입하는 생리대입니다. 편하다는 장점이 있지만, 장시간 사용하게 되면 쇼크 등의 위험성이 있습니다. 사용하기 전에 경험자들의 이야기를 찾아보는 게 좋습니다. 더 자세한 사항은 45쪽에서 확인할 수 있습니다.

다행히 나에게 맞는 방법을 찾아냈지. 생리를 시작하고 5일째 되는 날까지는 특대 탐폰💧을 쓰고 3시간에 한 번씩 갈아줘. 그리고 마지막 날에는 생리혈 양이 줄어드니까 작은 사이즈 탐폰을 써. 이 규칙을 안 지키면 사고가 터져.

때는 12월이었어. 생리가 끝날 때쯤이었지. 마침 작은 사이즈 탐폰이 다 떨어졌지 뭐야. 한겨울 밤에 생리대를 사러 나가기가 얼마나 귀찮은지. 왜 그럴 때 있잖아. 뭔가 좋지 않은 예감이 드는데 그래도 그 일을 하게 될 때. 그날이 그런 날이었어. 그냥 집에 있던 특대 사이즈 탐폰을 썼거든. 결국 아침에 내 팬티 속은 사막이 되어버렸어. 내 그곳이 우리 할머니 발뒤꿈치처럼 말라 있지 뭐야. 할머니 발뒤꿈치는 어찌나 건조한지 가뭄에 마른 땅처럼 갈라져 있어. 상상이 되지? 어쨌든 얼마나 간지럽던지 미치는 줄 알았어.

탐폰을 쓰다 보면 가끔 아플 때도 있어. 탐폰을 써본 사람은 알 거야. 녀석이 가끔 말썽을 부리거든. 질 속에 제대로 들어가 있지 않은 것처럼 느껴질 때가 있어. 그럴 때 내 질에서 비명 소리가 들리는 것 같아. 너무 아프거든. 탐폰 자리를 잘 잡아줘야 하는데 초보자에겐 엄청 어려운 일이야. 탐폰 자리를 제대로 잡아보려고 몸을 꼬는 걸 다른 사람들이 보면 이렇게 생각할 거야. '재 엉덩이에 팬티가 끼었나 봐.' 정말 보여주고 싶지 않은 장면이지.

생리대 때문에 언제나 고생만 하는 건 아니야. 좋았던 때도 있어. 한 번은 엄마들이 아이를 낳고 사용하는 임산부용 패드를 사용한 적이 있거든. 6시간 동안 생리대를 갈지 않아도 되었어. 그날은 내 생리 인생 중 가장 편안한 날 중 하루였어.

나는 생리할 때 침대에 생리혈을 흘릴까봐 무지 긴장돼. 생리통도 있어. 특히 허리가 너무 아파서 서 있기 힘들 때도 있어. 다행히 심한 친구들처럼 생리통 때문에 토할 정도는 아니야. 사실 진짜 힘든 건 따로 있어. 사람들한테 이야기는 안 했지만 난 피를 보는 게 너무 무섭고 끔찍해. 1년 반 전, 처음 헌혈을 할 때 알았어. 붉은 피가 비닐 팩 하나를 채워가는 걸 보는데 얼마나 끔찍하던지. 내 블로그에 그때 경험을 소설처럼 아주 길게 써서 올려놓았어. 이렇게 피 공포증이 있는 내가 생리 시작할 때가 되면 얼마나 무섭겠니. 그래도 이런 이야기를 대놓고 하는 걸 보면 대충 내 성격이 짐작되지? 소심한 편은 아니야. 아니 꽤 쿨 해. 하지만 나도 생리할 때는 조금 불안한 느낌이 들어. 내 질에서 피가 흘러나오는 걸 누가 알게 될까봐 얼마나 신경이 쓰이는데.

첫 생리를 했을 때는 생리중이라는 사실을 나만 알아야 한다고 생각했어. 지금만큼 대범하지는 않았지. 5년 전까지만 해도 내가 이런 이야기를 사람들에게 하게 되리라고는 상상도 못했어. 지금은? 물론 생리할 때는 불편하고 생리 때문에 옴짝달싹 못할 때도 있지만 지금의 난 생리를 싫어하지는 않아.

## 은밀하고 비밀스러운 생리



2004년, 내가 4학년이 되었을 때 학교에서는 자궁을 가진 열 살

짜리 아이들을 한자리에 모이게 했어. 그러고는 평생 동안 약 450번 정도 겪게 될 생리에 대해서 말해줬어. 한 15분쯤? 학교 관계자들은 우리가 35년도 더 겪게 될 생리에 대해 15분 정도 알려주면 적당하지 않겠냐고 판단한 모양이야.

그날 우리 반 담임인 모니카 선생님이 설명해줬어. “이게 생리대라는 거예요.” 선생님은 녹황색 라면 봉지 같은 걸 손에 들고 말했어. “곧 여러분은 생리를 하게 될 거예요. 질에서 피가 나온다는 말이지요. 너무 무서워하지 않아도 돼요. 여러분은 아이를 가질 수 있는 여자가 된 것이니까요. 여러분이 흘리는 생리혈은 이 생리대가 흡수해줄 거예요. 생리대가 있으면 피를 흘려도 팬티와 바지가 젖지 않아요. 그러니 가방에 늘 생리대를 가지고 다녀야 해요. 필요할 때 언제든 생리대를 꺼내서 사용할 수 있어야 하니까요.” 그러고는 한 마디를 더 했어. “질문 있는 사람? 여기 설명서가 있으니 읽어봐요. 자, 그만 키득대고 이제 나가서 놀아요.”

아직 다 크지 않은 몸을 가진 우리 열두 명의 여자아이들은 키득대고 앉아 있었어. 왜 그랬는지 모르지만 바보처럼 그냥 계속 키득댔어. 그 15분 이후로 우리는 언제든 남녀 성기와 관련된 이야기가 나오면 계속 키득대기만 했어. 왜 그렇게 되었을까? 우리 반에 있는 열두 명의 여자아이들만 따로 교실에 모여 앉아 이 이야기를 들어서 그랬던 거 같아. 그때 우리는 ‘언젠가 우리의 질에서 피가 흘러나오게 되고, 그것은 매우 비밀스러운 일이다.’ 정도로 생리를 이해한 거지.

“남자 애들이 생리에 대해 알면 절대 안 돼. 이건 우리만의 비밀이야!”라고 생각했던 것 같아. 왜냐하면 그 시간에 남자아이들은 옆 교실에 모여서 바나나에 콘돔을 끼우고 있었기 때문이야. 열 살 먹은 나의 뇌에서는 의문이 떠올랐어. “왜 우리가 함께 모여서 두 가지를 같이 배우면 안 되는 걸까?” 녹황색 라면 봉지를 의심의 눈초리로 보고 있던 우리 여자아이들이 남자아이들과 함께 콘돔과 바나나가 얼마나 잘 어울리는 친구인지 알아봤다면 좋지 않았을까?

다행스럽게 스무 살이 된 나는 많이 달라졌어. 이제 내가 생각하는 걸 당당히 말로 표현할 수 있게 된 거야. 누군가가 아직도 생리 교육이 우리가 예전에 배웠던 수준과 별다르지 않다고 말하는 걸 들었을 때 나는 바로 소리쳤어. “미친 거 아냐?” 배에 힘을 꽉 주고 최소한 세 번 연속 외치고 싶었지만 한 번만 하고 끝냈어.

뭐? 나한테 분노조절 장애가 있냐고? 절대 아니야. 난 단지 여자아이와 남자아이를 나눠서 성교육을 해야 한다고 결정한 사람, 그 사람의 뇌 구조가 도무지 이해가 안 돼. 그래서 화가 나는 것뿐이라고. 도대체 누가 남자아이들이 생리에 대해서 알 필요가 없다고 판단한 걸까? 왜 그렇게 생각했을까? 정말 이해할 수가 없어. 생리는 여자아이들만 하는 거니까 여자아이들끼리 조용히 처리하라는 거야? 생리에 대해서는 자궁을 가진 사람들끼리만 이야기해야 되나? 생리통으로 아프면 진통제나 먹고 조용히 있어야지 왜 아픈 걸 드러내냐고? 그러니까 생리통으로 아파봤자 얼마나 아프겠냐고 생각하는 사람이 생기는 걸 텐데 말이야. 게다가 여자아이들이 콘돔을 어떻게 사용하는지 알 필요가 없다는 생각은 누가 한 거야? 도대체 중요한 게 뭐야? 우리 삶에서 가장 중요한 게 뭐냐고? 우리 몸과 성에 대해 아는 게 쓸데없이 시간만 낭비하는 거란 말이야? 절대 동의할 수 없어! 건강한 사회를 만드는 데 이만큼 중요한 것들이 또 있냔 말이지.

여자아이들과 남자아이들을 갈라놓고 성에 대해 교육하면서 성관계와 우리 몸을 비밀스러운 것으로, 부끄러운 것으로 만들어버렸어. 그 때문에 우리는 가끔 '바보가 되는 병'에 걸려버린 거야. 난 이제 졸업한 지가 좀 돼서 잘 모르겠는데, 학교가 하는 일이 학생들을 바보로 만드는 일이었나? 물론 좋은 면(?)도 있었어. 그 일 이후로 우리는 갑자기 성에 대한 열정이 높아졌으니까. 한 명도 빼놓지 않고 다들 열심히 각자가 알아서 공부했거든. 우리는 자기주도학습을 했어. 수학도 비밀스럽게 가르쳤으면 훨씬 잘했을 것 같지 않니? 수학 공부를 하면서 막 부끄러운 마음이 들면 어떨 것 같아? 학교에서 성교육 할 때처럼 말이야. 쉬는 시간에 한 아이가 교실에서 수업 준비하는 선생님을 보고 밖에서 노는 친구들에게 뛰어가서 소리를 지르는 거야. "얘들아! 다음 시간에 뭐 하는 줄 알아? 수학이야, 수학!" 그러면 아이들은 운동장에서 차고 있던 공도 내던지고는 급히 교실로 들어올 거야. 교실 칠판에 적힌 곱셈 공식을 두려워하면서도 호기심 가득한 눈으로 보지 않았을까? 3 곱하기 7이 21이 되는 것이 너무나도 부끄러운 사실이라 여기면서 아직 덜 자란 자기들의 뇌로서는 쉽게 받아들이기 힘들다는 식의 반응을 보이지 않았을까? 그런데 안타깝게도 수학은 부끄러운 과목이 아니야. 그랬더라면 수학 시간이 훨씬 더 재미있었을 텐데….

어쨌든 성교육 시간에 우리는 거기 그렇게 앉아 있었어. 부끄럽게 키득거리며. 친구들 얼굴은 다들 빨개졌지. 우리 모두가 커서 결국 피 흘리는 어른이 된다는 걸 알게 됐으니 그럴 만도 하지. 지금 생각해보면 그때 열 살이었던 내가 뭘 부끄럽게 생각한 걸까? 생리? 아니면 콘돔? 그때의 나한테 생리는 말하자면 팬티에 오줌이 묻는 것처럼 피가 묻는 것 정도였던 것 같아. 콘돔은 음…, 아마도 남자 성기를 둘러싸는 생리대 같다고 생각했던 것 같아. 열 살 수준에서는 그렇게밖에 이해할 수가 없잖아. 그냥 생리대나 콘돔이나 거기서 거기였어. 물론 둘 다 똑같이 부끄럽게 여겼지만. 지금 생각해보면 콘돔 수업이 훨씬 더 부끄러운 일이야. 열 명의 남자애들이 한 방에 모여서 콘돔을 꺼내 바나나에 끼운다고 생각해봐. 으으…. 아마 평생 가장 부끄러운 순간들에 순위를 매긴다면 3위 안에 들지 않을까?

## 생리를 부끄럽게 만드는 성교육

2004년 그날, 여자아이들이 모여 앉은 교실에 생리 폭탄이 떨어진 거지. 진짜 느낌이 그랬어. 살아있는 느낌이 아니었다니까. 물론 농담이야. 그렇지만 진심 그렇게 믿을 만했어. 그 15분 동안 우리는 "진짜 여자가 된다."는 말이 무슨 뜻인지 조금도 이해하지 못했다니까. 6학년이 될 때까지 여자애들끼리 있어도 그 이야기는 꺼내지도 않았어. 아마 무슨 뜻인지 잘 몰라서 그랬을 거야. 그래도 나는 생리가 멋진 일은 아니라는 성교육 내용을 이해할 만큼 똑똑했어. 이 '부끄러운' 생리는 말해서는 안 되는 일이구나 하고 눈치 챘지. 그래도 열 살이잖아. 얼마나 궁금한 게 많았겠니? 수 백 가지 궁금증이 마구마구 떠오르는데 입을 열기가 왜 그렇게 어려웠는지. "모두가 생리를 하긴 하는 거야?" "피를 흘린다는데 그 안에 뭐가 들어있지는 않겠지?" "우리에게 생리를 알려준 모니카 선생님도 생리를 할까?" "그럼 엄마는?" 이 의문에 대한 해답은 금방 풀렸어. "선생님과 엄마는 안 할 거야. 생리를 한다면 당연히 그 이야기를 나에게 해줬을 거 아냐. 어쩌면 나도 생리를 안 할 수 있겠네. 정말 안 하면 좋겠다. 이런 걱정도 안 해도 되고."

요즘 내가 열렬히 지지하는 생각들, 그러니까 도덕 윤리 정치 페미니즘은 사실 다 인터넷과 SNS를 통해 배운 거야. 어떻게 행동해야 하는지는 부모님한테 배웠고, 나머지는 학교에서 가르쳐줬어. 트위터 계정은 열여섯 살 때까지는 만들지 않았어. 우리 부모님도 내게 생리에 대해서는 말해주지 않았고. 그러다 보니 내 생리 교육은 학교가 처음이었어. 나는 학교에서 모범생이었어. 공부도 곧잘 했고, 숙제도 착실히 했어. 4학년 때는 구구단을 완벽히 외웠고 스웨덴 지도를 정확하게 그려낼 수 있었어. 그런 나였지만 모니카 선생님이 생리 시험을 본다고 했으면 난 분명 주저앉아 울어버렸을 거야.

학교 성교육 수준은 어느 정도일까? 내 안에서는 생리에 대해 알고 싶은 욕구와 열정이 끓어오르고 있었어. 결국 뜨거운 게 솟구쳐 오르더라고. 나는 소리쳤어. "It is not fair!" (이건 불공평해! 생리 교육 전 수업이었던 영어 시간에 배운 문장이야. 아마 이럴 때 쓰라고 가르쳐 줬겠지.) 그렇다고 뭐가 달라지겠니. 그날 집으로 달려가서 난 텔레비전을 켜고 심슨을 봤어.

너희들은 2000년대에 태어났지? 아마 나한테 이렇게 말해 주고 싶을 거야. "그냥 검색창에 물어보면 되잖아." 우리 엄마한테 그렇게 말했다면 대답은 이랬을 거야. "인터넷이 모든 답을 가지고 있지는 않아!" 사실 그런 일이 있었거든. 내가 역사 시험을 보고 나서 엄마한테 있는 대로 짜증을 부린 날이었어. "엄마! 왜 우리가 프랑스 혁명에 대해 이렇게 자세하게 알아야 해. 그냥 인터넷에서 찾아보면 되잖아." 너희도 그렇게 생각하지? 엄마는 바로 눈으로 내게 레이저를 발사했고 나는 바로 꼬리를 내렸지. 하지만 나도 인터넷이 4학년 아이들에게 얼마나 도움을 줄 수 있는지에 대해선 좀 의심스러워. 그래도 역사 시간엔 늘 교실 컴퓨터에 인터넷 검색 창을 띄워 놓고 있었지.

시간이 흘러 드디어 7학년이 되었어. 아무런 준비도 하지 않았던 우리에게 또 다른 일이 터져버렸어. 남자아이와 여자아이들 모두 한 번도 열리지 않았던 '나니아의 옷장'[♦] 문을 열었어. 그때는 '생물' 시간이었어. 염색체 xx와 xy에 대해 배웠거든. 난자는 정

♦ 소설 《나니아 연대기》에 나오는 옷장으로 주인공 아이들이 옷장을 열고 다른 세계로 모험을 떠나는 이야기입니다.

자를 만나 수정되어야 하고 수정되지 않은 난자는 여자 몸에서 빠져나가야 한다는 것에 대해 알게 되었지.

그때 교실 안의 누군가가 갑자기 생각이 난 모양이야. 그 녀석이 소리쳤어. "뭐야, 그게 생리 아냐?" 그러자 반 아이들 중 절반이 열세 살의 팔팔 끓어오르는 호르몬 열기를 참지 못해 콧바람까지 섞어 허공으로 날렸지. "헐!" 선생님은 그제야 겸연쩍게 웃으며 말했어. "그렇지. 그걸 생리라고 해."

그때는 내가 첫 생리를 경험한 뒤 반 년도 더 지난 시점이었어. 난 그때 이미 왜 내가 한 달에 6일 동안 생리대가 새도록 피를 흘리는지 알고 있었어. 나는 생리라는 게 내 자궁 안에 있는 난자가 정자를 만나 수정이 되지 않아서 일어나는 일이라는 걸 정확히 알고 있었지. 어찌 보면 생리는 껌 씹는 것 같이 쉬운 일이야. 적어도 생물학적으로는….

생리대가 어떤 일을 하는지도 아주 잘 알고 있었어. 사실 생리대는 세상에서 가장 단순한 도구야. 나는 생리대가 여러 가지 크기로 나온다는 것도 알고 있었고, 탐폰이 편하다는 것도 알고 있었어. 하지만 아직 탐폰을 사용하지는 않았지.

난 스무 살이 되어서야 생리통에 대해 자세히 알게 되었어. 고등학교를 졸업하고 나서야 지구 전체 인구 중 절반인 여성이 겪는 생리통에 대해 알게 되다니. 생리의 의미를 처음 알게 된 열세 살 때부터 칠 년이 더 지나고 나서야 겨우 생리통에 대해 알게 된 거지.

그 동안 난 85번의 생리를 했어. 꽤 괜찮은 생리 스펙이지? 그래서 결심했지. 유튜브에 동영상을 올리자! 내가 너희 나이 때 궁금해 했던 생리에 대해 알려주기로 마음먹은 거야. 내가 그랬듯 너희도 궁금할 거야. '내 생리는 정상일까?' '설마 죽을병에 걸린 건 아니겠지' 등등. 그래서 '생리 아는 언니'가 되기로 했어. 있잖아, 내가 생리에 대해 누구보다도 더 잘 알게 되었다고 느꼈을 때, 나는 기분이 황홀했어. 모든 사람에게 생리통이 왜 일어나는지 막 말해주고 싶더라고. 참을 수가 없었지. 모두 내 말에 감동을 받을 거라고 생각했어. 지금까지 봐서 알겠지만 나는 약간 '잘난 척 언니'거든. 사실 생리에 대한 전반적인 내용을 제대로 알려주지 않는 학교에게도, 인터넷에게도, 사람들에게도 나는 실망했어. 그래서 아홉 개나 되는 생리에 대한 영상을 찍어 유튜브에 올렸어. 이제 나는 달마다 겪는 생리 때, 자궁에서 일어나는 혼란스러운 느낌의 원인까지 잘 알고 있어.

내가 열 살에 처음 받은 생리 교육 시간에 생리통에 대해서는 왜 못 배운 걸까. 왜 여성들 대부분이 한 달에 한 번씩 아픈데도, 좀 덜 아픈 방법을 서로에게 알려주지 않았느냐 말이지. 생리를 시작하기 일주일 전 정도부터 몸과 마음에 변화가 올 수 있다는 것도 몰랐어. 이유를 설명할 수 없는 불안, 분노, 슬픔 같은 감정을 느낄 수도 있다고 왜 아무도 말해주지 않았던 거지? 그런 내용을 교육 과정에 넣지 않겠다고 결정한 사람이 있을 것 같지 않니? 왜 생리는 수치스럽고 부끄러운 일이 되었으며, 결국 우리 각자가 알아서 답을 찾게 되었을까?

이런 게 너무 궁금했어. 그래서 나는 이 문제들에 답을 해보려고 이렇게 컴퓨터 앞에 앉아서 너희가 읽는 글을 쓰고 있어. 유튜브에서 재미있는 영상을 찾아보거나 트위터를 살펴보는 대신 말이야. 고맙지? 더 대단한 건 지금 나는 생리 중이야. 생리에 좋지 않은 청바지를 입었고. 생리 중에 왜 청바지 입는 게 좋지 않은지는 나중에 알려줄게. 어쨌든 난 엄청난(?) 희생을 치르고 있어. 누군가는 확실하게 이야기해야 하는데 아무도 그러질 않으니 내가 너희들을 위해 고생중이지. 이 마음만은 알아주길 바라.

사실 생리가 이 글을 쓰는 힘이야. 열다섯 살이 되지 않은, 자궁을 가진 모든 소녀들이 생리에 대한 지식을 제대로 얻지 못한다는 사실이 나를 화나게 하고 답답하게 만들었어. 내가 제일 좋아하는 일은 내 방 침대에 누워 유튜브 영상을 보는 거야. 하지만 생리 연구자로 살기로 한 나는 과감하게 유튜브를 끊었어. 이 책을 다 읽으면 너희는 '생리에 대한 거의 모든 것' 을 알 수 있게 될 거야.

1장

# 걱정 마! 생리

생리는 우리 인생을 바꿔 놓기도 해.

물리적으로 생리는 내 몸의 한 내부 기관에서 생긴 피가

내 몸이 열리면서 몸 밖으로 나오는 거야.

그리고 심리적으로 생리는 우리에게

한 100가지 정도의 의미를 깨닫게 해줘.

# 생리, 해도 걱정!
# 안 해도 걱정!

내가 다시 열두 살 나이로 돌아가야 한다면? 곧 생리를 시작하리라는 조바심에 안절부절못하던 그때로 돌아가라고 한다면? 나는 단호하게 '안 돼!' 하고 소리 지를 거야. 그땐 시작되지 않은 생리에 대한 걱정으로 내 머릿속이 가득 찼어. 내 안에서 생리혈이 어딘가에 끼어서 못 나오고 있는 게 아닐까 하는 걱정까지 했어. 케겔 운동을 하면 나오지 못하는 생리혈이 밖으로 나오는 데 도움이 될까 하는 생각도 했지. 걱정이 많아지면 이상한 이야기에만 귀를 기울이게 되잖아. 열일곱 살 언니가 생리를 시작하지 않아 병원에 가서 원인을 알아보고 있다는 등의 이야기 말이야. 한편으론 막상 생리가 시작되면 어쩌나 하는 걱정도 했어. 생리를 시작하면 엄마한테 어떻게 말해야 할지도 걱정이

케겔 운동 – 질 주위 근육에 힘을 주었다 빼면서 골반 근육을 강화시키는 운동입니다. 자연 분만에 도움이 되고, 요실금 예방에도 효과적입니다.

었지. 하지만 진짜 무서웠던 건 생리를 하지 않을지도 모른다는 생각이었어.

내가 열일곱 살 생일까지 생리를 시작하지 못한다면? 나는 친척들 앞에서 고백을 해야 할 것 같았어. 애도의 의미로 검정색 드레스를 입고, 마스카라가 눈물에 섞여 양쪽 볼을 따라 흘러내리는 채로 슬픔에 가득 찬 목소리로 말이야. 그러면 상상 속에서 엄마와 할머니와 친척들이 모두 내게 달려들어 나를 감싸 안고 깊은 슬픔에 소리 높여 처절하게 울었어.

너희 중에도 나 같은 아이가 있겠지? 너무 걱정하지 마. 여성은 때가 되면 다 생리를 하게 되어 있으니까. 좀 더 어린 나이에 시작할 수도 있고, 십대 후반에 시작할 수도 있어. 모두 다 아주 정상적인 일이야. 열두 살 때도 알고는 있었지만 왠지 그런 상상을 하게 되더라고. 그때는 정말 내가 생리를 하지 않는 사람이 될 수도 있다고 생각했거든. 내게 건강 염려증이 있다고 이야기했던가? 솔직히 말하자면, 나는 걱정이 좀 많은 편이야.

내가 생리에 대해 이런저런 걱정이 많을 때 남자애들은 다른 생각을 하고 있는 것 같았어. 6학년 때였는데, 우리 반 한 남자아이가 수업 시작하기 바로 직전에 교실로 뛰어 들어오며 소리를 질렀어. 그 남자아이가 이 책을 읽지는 않겠지. 확실히 그럴 거야. 그래도 그 아이를 보호하기 위해 이름을 밝히지는 않겠어. 너희 친구들 중에도 있을 거야. 왜 있잖아, 관종! 사람들의 관심을 받고 싶어 하는 그런 남자아이. 그 녀석은 비웃음 가득한 얼굴에 흥분한 목소리로 소리를 질렀어. 자기가 사춘기라는 걸 알리고 싶었는지 온 반이 떠들썩하게 소리쳤어. “누군가 탈의실 옆 화장실에서 ‘생리’를 하고 사라졌어!”

지금 생각해도 미스터리한 일이지만 화장실 쓰레기통에서 생리대를 발견한 게 아니고서야 어떻게 누군가가 생리를 한다는 것을 알았을까. 그 녀석이 그렇게 소리치는 바람에 다른 남자아이들도 모두 경악을 하며 소리를 질러댔어. “어휴~, 더러워!” 그러고는 우르르 탈의실 옆 화장실로 달려갔지. ‘생리’를 구경한다고 말이야.

하지만 나도 화장실에서 뭘 보고 누군가 생리 중인 걸 알았는지 무척 궁금했어. 벽이 온통 피로 물들었나? 생리대가 세면대 위에 버젓이 버려져 있나? 그래서 나도 그 순간 남자아이들을 따라 소리쳤어. 아주 굵은 목소리로 "오~~!" 하고.

남자애들을 따라가서 생리의 증거를 같이 보고 싶었지만 안타깝게도 그러질 못했어. 다른 여자아이들이랑 교실에 남아 눈만 끔벅이고 있었어. 화장실에 안 가길 잘했다 싶기도 해. 그 남자아이들 무리에 끼었다가는 분명 여자아이들이 날 묻어버렸을 거야. 그렇지만 생리의 증거를 코앞에서 볼 수 있는 기회를 놓쳐서 안타까웠지. 정말로 내가 생리라는 것을 평생 안 하게 되면 생리 흔적을 아예 못 볼 수 있다는 걱정도 했으니까. 그렇다면 얼마나 실망스러운 일이겠니?

생리 흔적을 보고는 싶은데 보러갈 수는 없고. 이 딜레마 때문에 난 더욱 더 실망하게 되었어. 다른 여자아이들은 이미 성숙해서 생리를 하고 있었거든. 남자아이들까지 이제 생리 흔적이 어떤지 보았을 텐데. 나만 생리 흔적이 어떤지 모르는 거잖아. 또 한편으로는 다른 두려움도 생겼어. 남자아이들이 여자의 생리를 놀림거리 정도로 여긴다는 사실 때문에. 정말 너무한 거 아니니?

# 첫 생리를 맞이하는 자세

드디어! 생리가 나한테 찾아왔어. 열세 살 때야. 다른 친구들에 비해 늦은 편이었지. 생리뿐 아니라 나는 여러 면에서 친구들보다 조금씩 늦는 것 같아. 핸드폰도 다른 친구들보다 늦게 가졌거든. 다른 여자아이들은 이미 가슴도 커지고 있었어. 어떤 여자아이는 가끔씩 길고 지루한 수학 수업 도중에 네 번씩이나 화장실을 다녀오기도 했어. 마치 수업을 거부하는 것처럼 말이야. 그럴 때마다 나는 왜 나만 이렇게 미숙아처럼 늦는지를 고민했지. 나는 도대체 언제쯤 생리를 하게 될까 조바심이 났어.

그날, 역사적인 그날은 새 학기가 시작된 첫 날이었어. 점심시간 바로 전 수업 시간이었거든. 그날따라 앉아있는데 팬티가 엉덩이에 끼어서 미칠 것만 같았어. 결국 화장실로 달려갔어. 화장실로 들어가 문을 걸어 잠갔지. 그리고 바지를 내렸어.

그때 나는 숨이 멎는 것만 같았어. 이럴 수가! 내 눈에 팬티 중앙에 묻은 붉은 빛깔의 피가 보였어. 라디오 방송에서 내가 보낸 사연이 소개되는 걸 기다릴 때의 조마조마한 마음과는 완전 다른 느낌이었어.

생리!

"생리잖아! 아니야! 맞아, 부정하지 마, 너는 열세 살 클라라야!

어떻게 하지? 뭘 해야 하는 거지?

생리대가 어디 있더라? 양호 선생님? 친구한테?

쪽팔려 죽을 것 같아!

얼마나 많은 피가 나오는 거지?

얼마나 오래 피를 흘리게 되는 거지?

일단 화장지를 팬티에 대어 볼까?

그렇게 해도 될까?

지금 화장지를 팬티 위에 대는 것 말고

다른 방법이 있나? 화장지를 대야겠다."

팬티에 화장지를 댄다고? 그러지 마라, 얘들아! 생리대 대신 화장지를 쓰는 건 좋은 생각이 아니야. 그렇지만 그때 내가 처음 생리를 하고 정신이 없을 때 머리에 떠오른 유일한 대안은 화장지 밖에 없었어. 결국 나는 그날 하루 종일 팬티에 달라붙은 화장지를 신경쓰느라 무척 힘들었어. 걸음걸이가 이상해질 수밖에 없었지. 화장지가 움직이지 않도록 매우 의심스러운 걸음걸이로 조심해서 다닐 수밖에 없었으니까. 뭐라 말하기 힘들 정도로 어려운 상황이었지. 결국 양호 선생님에게 생리대를 빌리러 갔어. 하지만 선생님은 11시 59 분에서 12시 01분 사이에만 자리에 계신가 봐. 그것도 홀수 주에만. 왜 그리 만나기가 힘들던지. 그때는 누구에게든 생리대가 있는지 물어보려고 수도 없이 용기를 냈지만 마지막 순간에 말을 못 꺼내겠더라고.

결국 화장지를 바꿔주기 위해 열 번이나 화장실을 들락거리다 하루를 다 보냈어.

그날 집에 가서는 엄마가 모른 척하며 뜬금없이 내게 물어봐 주길 바라며 엄마 주위를 계속해서 맴돌았어. "어머, 우리 클라라! 혹시 생리 시작했니?" 엄마가 물으면 나는 놀라는 척하며 기쁘게 대답하려고 했어. "맞아요. 마침 오늘 생리를 시작했어요!" 그러고 나서 우리는 밝게 웃으며 서로를 껴안고 원을 그리며 춤추는 모습을 상상했어. 만화영화에 나오는 장면처럼 말이지.

현실은? 엄마는 절대 묻지 않았어. 그날 엄마가 내 행동에 대해서 어떻게 생각했는지는 모르겠어. 단지 내가 그렇게 엄마 주위를 계속해서 어슬렁거렸는데도 조금도 성가셔 하지 않았던 걸 보면 우리 엄마는 슈퍼 엄마가 확실해. 그렇게 몇 시간이 지나고 나서 나는 다시 화장지를 새로 갈아줘야 했고, 더 늦기 전에 엄마에게 생리를 시작했다는 말을 해야 한다고 생각했어. 심장이 쪼그라드는 것만 같았어. 결국 엄마에게 말했지.

"엄마, 오늘 학교에서 화장실에 갔는데 팬티에 피가 묻어 있었어요."

엄마 눈썹이 위로 치켜 올라갔어. 나는 속으로 은근히 기대했어. '멋진 말을 해주세요, 엄마!'

"그러니깐, 생리인 것 같아요." 엄마는 가볍게 한숨을 쉬더군. "이런!" 그런 뒤 엄마는 나를 화장실로 데려갔어. 엄마는 화장실에서 상황별로 쓸 수 있는, 150개가 넘어 보이는 다양한 종류의 생리대가 숨겨져 있는 장을 보여주었어. 그러고는 나를 꼭 안아준 뒤 부엌으로 가서는 소리 내서 웃었어. 내가 말도 없이 엄마 주위를 맴돌던 이유를 알게 되었으니까.

'고마워 엄마. 여성으로서의 내 자존심을 엄마가 지켜줬어. 따뜻하게!'

# 생리, 내 인생의 가장 큰 이벤트

너희들이 아직 생리를 시작하지 않았다면 어떤 기분일지 알 것 같아. 내가 생리를 시작하기 전의 삶을 떠올려 보는 것처럼 너희도 생리 중의 일상을 상상해 보면 어떨까. 그냥 아무 생각 없이 살 수도 있지만 말이야. 좀 바보 같은 소리로 들리겠지만 생리는 내 인생에서 가장 큰 이벤트인 것 같아. 생리 전에는 말라빠진 작은 여자아이 몸으로 어떻게 생리를 감당할 수 있을지 이해가 되지 않았어. 난 엄청 특별한 무언가가 있어야 버틸 수 있을 거라고 생각했어. 그런데 생리를 시작한 뒤에는 그냥 무지 힘들다는 것을 알게 되었지. 생리를 한다는 것은 확실한 표시야. 너희가 어른이 되었다는. 그러니 삶이 고단해진다는 표시이기도 해. 생리가 뭐냐고? 통증, 통증, 통증. 그리고 피 조금, 팬티 속의 불편한 생리대. 이런 것들이지. 너무 실망스럽니?

하지만 생리는 우리 인생을 바꿔 놓기도 해. 물리적으로 생리는 내 몸의 한 내부 기관에서 생긴 피가 내 몸이 열리면서 몸 밖으로 나오는 거야. 그리고 심리적으로 생리는 우리에게 한 100가지 정도의 의미를 깨닫게 해줘.

네가 자란다는 것.

네가 '여자'가 된다는 것.

네가 책임을 지게 된다는 것

한 달에 7일은 초콜릿을 입에 단 채 살고 싶어진다는 것

그리고 그 7일 동안 감정적으로 불안정할 수도 있다는 것

감정적으로 불안정해도 네 스스로를 잘 통제해야 한다는 것. 그래야 "머리가 아프다"는 핑계로 병가를 쓸 수 있다는 것

예를 들어 이런 것들이지. 생리에 대한 의미를 말하라고 하면 아마 하루 종일도 할 수 있을 거야. 사람들이 나보고 생리라는 주제로 책을 써보는 게 어떻겠냐고 하더라고. "하하하!" 난 그런 사람들의 얼굴에 대고 크게 웃어주었어. 그런데 봐봐! 나는 지금 책을 쓰고 있거든! 생리에 대해 글을 쓰는 게 좋은 것인지는 아직 잘 모르겠어. 내가 생리에 대해 잘못된 내용을 쓰거나 거친 표현으로 묘사하면 곧 생리를 하게 될 너희들이 겁을 먹고 도망갈지도 모르잖아. 생리를 공포영화처럼 무섭게 느낄 수도 있고, 뭔가 굉장히 잔혹한 것이라고 믿게 만들면 어쩌나 하는 걱정도 되지만 이 책을 읽고 나면 너희는 나보다 현명하게 생리를 맞게 될 거라고 믿어. 너희는 최소한 첫 생리 때 휴지를 쓰는 일은 없을 테니까.

생리를 시작하게 되면 크게 심호흡을 해 봐. 그러고는 아무 걱정 없이 완벽한 생리 인생을 펼쳐가 보길 바래. 언젠가는 내게 고마운 마음이 들 거야.

# 첫 생리를 준비하는 5가지 방법

### 1. 생리대 착용 연습하기

일단 학교에서 생리에 대해 이야기하는 시간이 있으면 열심히 최선을 다해서 들어. 아니면 인터넷 검색을 해봐. 집에 생리대를 사용하는 사람이 있다면 생리대 하나를 빌려서 꼼꼼히 살펴봐. 아주 디테일하게. 감촉도 느껴보고 냄새도 맡아봐. 아니다. 냄새는 거의 안 날 테니 별 소용없는 짓이겠다. 잘 봤으면 이제 생리대를 팬티 위에 한번 고정시켜 봐. 그러고는 연습 삼아 집에서 생리대를 착용하고 돌아다녀 보는 것도 좋겠다. 왜 방에서 새로 산 신발을 신고 한 바퀴 돌아보는 식으로 말이야. 어쩌면 비슷한 기분을 느낄지도 몰라. 생리대 느낌이 좀 이상하고 다소 불편하겠지만. 그래도 익숙해지면 크게 불편하지는 않을 테니 걱정 마. 이렇게 해보면 어느 날 갑자기 첫 생리를 맞이하더라도 별로 당황스럽지 않을 거야.

## 2. 생리 잔혹사 읽어보기

갑자기 생리를 시작한 사람이 생리대 하나 없이 12시간 장거리 비행을 하게 된 이야기 들어본 적 있어? 결혼한 여성이 시댁 부모님 침대에 생리 자국 남긴 이야기도 있어. 얼굴에 핏자국 생긴 걸 모르고 하루 종일 돌아다닌 여성 이야기도 읽은 적이 있어. 이런 일들은 얼마든지 일어날 수 있어. 생리에 관한 이야기인지 악몽 같은 일인지 구분할 수 없을 정도야. 책이나 잡지는 물론 인터넷에서도 이런 이야기는 얼마든지 찾을 수 있어. 생리를 막 시작한 친구들과도 이야기를 나눠봐. 다들 난처했던 경험이 한두 번쯤은 있거든. 무섭고 참혹하고 당황스러운 생리 이야기들을 꼭 찾아서 읽어 봐. 피투성이 이야기처럼 들리겠지만, 그런 이야기에 비하면 너희에게 찾아온 생리는 그저 작고 보슬보슬한 새끼 고양이처럼 반갑게 느껴질지도 몰라.

## 3. 생리에 관련된 질환 알아보기

생리와 관련된 2가지 질환이 있어. 자궁내막증[●]과 생리전증후군(PMS)[●]이야. 모든 사람에게 이 증상이 나타나진 않아. 혹시나 그럴 경우를 대비해서 알아두면 좋겠다는 거야. 생리대를 미리 착용해 보는 것 말고도 이런 증상들을 알고 있으면 첫 생리 때 도움이 많이 돼. 꼭 유전되는 것은 아니지만 엄마나 이모, 언니에게 그런 증상을 겪었는지 물어보는 것도 좋아. 알고 있으면 덜 걱정되니까 말이야. 인터넷 검색은 하지 마. 괜히 검색했다가 걱정만 늘어날 수 있으니까.

여성 열 명 중 한 명꼴로 자궁내막증 질환을 겪는데, 쓸데없이 미리 걱정할 필요는 없어. 정말이지 그런 염려를 미리부터 하는 건 참 쓸모없는 일이야. 26세에 암으로 죽을 거란 생각 따윈 하지 말라는 이야기야.

● 자궁내막증이란 자궁 안에 있어야 할 자궁내막 조직이 자궁 밖의 복강 내에 존재하는 것으로, 임신 가능한 여성의 약 10~15%에서 발생되는 흔한 질환입니다. 국가건강정보포털 의학정보(http://health.cdc.go.kr/health/Main.do) 참조.

● 생리전증후군(PMS, PreMenstrual Syndrome)은 생리가 시작되기 전에 몸과 마음에 특정한 증상을 겪는 것을 말합니다. 허리나 배에 통증이 있거나, 가슴이나 머리가 아프기도 하고 몸이 붓기도 합니다. 불안하고 우울하고 화가 나기도 합니다. 어떤 사람은 물건을 훔치고 싶어지기도 합니다. 간혹 학교나 회사에 못갈 정도로 통증이 심한 사람도 있습니다. 생리 때문에 홈스쿨링을 선택하는 학생도 있습니다. 생리전증후군 증상이 심할 경우에는 병원에 가서 의사의 도움을 받아야 합니다.

## 4. 생리에 필요한 준비물 챙겨두기

걱정은 그만하고 우선 꼭 해야 할 일이 있어. 생리대 한두 개 정도를 미리 책가방에 넣어 둬. 생리대를 가지고 다니면 첫 생리를 하게 되더라도 그리 당황스럽지 않을 거야. 주머니에 넣고 다닐 만한 작은 손 세정제랑 물티슈도 가지고 다녀. 인생 첫 생리를 공중화장실에서 하게 되면 피 묻은 손 씻으러 문을 열고 세면대로 나가기 애매한 순간이 있거든. 변기에 앉아 생리대를 제대로 착용하기까지 어떤 일이 일어날지 모르기 때문이야.

피가 손이나 다리, 옷 등에 묻을 수도 있으니까. 그리고 마지막으로 평소에 좋아하는 과자나 아이스크림 같은 걸 집에 보관해 놔. 뭐 첫 생리에 꼭 필요한 건 아니고 그냥 맛있으니깐.

### 5. 생리를 겪으며 일상의 소중함을 느껴보기

생리가 시작되면 갑자기 이상한 냄새가 내 몸에서 나는 것 같기도 해. 미친 듯이 화장실을 들락거리게 될 수도 있어. 빨리 완경을 맞게 되길 간절히 바라게 될 수도 있어. 이때 달달한 주전부리가 도움이 되기도 해. 그냥 기분 상 그런 거지만. 그렇다고 생리가 끔찍하기만 한 건 아니야. 생리통이 없는 평온한 일상에 감사한 마음이 들기도 하고, 감자칩이 있다는 게 얼마나 고마운 일인지도 알게 될 거야. 이불에 피가 묻지 않았다면 아주 성공한 기분이 드는 날도 있어. 생리를 하지 않는 사람은 알 수 없는, 일상의 감동스러운 순간(?)이지.

완경(폐경)이란 더 이상 생리를 하지 않게 되는 현상을 말합니다. 40대 중후반 이후 맞이하게 되며 보통 마지막 생리 이후 1년이 지나도록 생리를 하지 않을 경우 완경 진단을 내립니다.

보통은 만 열두 살에서 열네 살 사이에 생리를 시작해. 그렇지만 만으로 아홉 살에도, 열여섯 살에도 시작할 수 있어. 이런 시간차는 전혀 이상한 게 아니야. 생리는 지가 찾아오고 싶을 때 찾아오거든. 그러니까 너무 조급해하거나 걱정하지 말라는 얘기야.

# 생리 클럽에 들어온 걸 환영해!

뭐? 정말?

이제 막 생리를 시작했다고?

축하해! 피를 흘리고 계속 흘리기를! 우리 클럽에 들어온 걸 환영해! 벌써 꽤 많은 회원이 있는 걸. 생리를 하더라도 평소보다 화장실에 더 자주 가야 하는 정도로만 느끼는 사람이 있는 반면에 너무 아파서 토하는 사람도 있어. 어떤 경우라도 우리 모두는 한 달에 한 번씩 피를 밖으로 내보내는 사람이 된 거야. 환영해!

처음 생리를 하면 아주 신경 쓰이고 민감해지지. 걱정하지 마. 한 가지 확실히 약속할 수 있어. 시간이 지나면 생리 중에도 생리를 하고 있다는 것을 잊기도 해. 익숙해져서 별다른 생각이 들지 않을 때가 있는 거야. 나는 처음 생리를 했을 때, 30분마다 팬티를 확인했

어. 혹시 생리혈이 팬티 밖으로 새어나올까 봐. 무슨 일이 일어나는 건지 이해를 못했을 때니까. 말 그대로 두 다리 사이로 끊임없이 피가 흘러나오고 있었으니. 기다리는 것 말고는 할 게 없었어. 그땐 너무나도 이상한 일이었어. 지금 생각해보면 그냥 머리카락이 자라는 것같이 자연스러운 일인데.

생리를 처음 경험하는 사람에게 생리는 너무나 당황스러운 일이야. 얼마나 자주 생리대를 갈아줘야 하는지, 생리통이 뭔지, 기분이 어떻게 바뀔지, 어떤 일이 더 일어날지 무엇 하나 제대로 알지 못하니까. 도대체 무슨 일이 벌어질지 궁금하지? 잠깐만 참아. 침착하게 생각해보자고. 생리혈이 흐르는 저 아래로 얼굴을 들이대고 살펴보고 싶겠지만 그래도 침착해야 해. 과다한 아드레날린 분비로 정신이 없더라도 일단 마음을 가라앉혀 보자고.

### 초경에 대해 알아야 할 사실들

첫 생리를 시작하고 처음 맞는 밤. 그날 나는 티셔츠와 파자마 반바지를 입었어. 박스형 팬티를 입고 엄마 생리대 서랍에서 찾은 가장 큰 생리대를 했어. 침대에 누웠는데 도무지 잠을 잘 수가 없는 거야. 아래쪽이 불편하고 어찌나 어색하던지. 속옷을 갈아입었는데도 빨아서 햇볕에 말린 상쾌한 느낌은 전혀 나지 않았어. 밤새 뒤척이다 지쳐서 몸에 남아있던 힘이 완전히 빠진 듯한 순간 갑자기 마음이 편안해졌어. 그래서 잠이 들었던 것 같아. 비몽사몽 하는 중에 난 건강하게 피 흘리는 성숙한 여성이 되었다는 생각을 했던 거 같아. 그렇게 5일이 지나고 생리는 멈췄어. 생리가 내 삶의 모든 날을 차지하지 않는다는 걸 알았지. 다행이었어. 아주 고집 센 생리였다면 정말 힘들었을 거야.

내 첫 생리는 2007년 8월에 찾아왔어. 두 번째는 한참이 지난 2008년 1월이었고. 완전 어이없었지. 도대체 무슨 일이 일어나는 건지 알 수 없었어. 한 달을 건너뛰는 정도는 정상이라 알고 있었거든. 그런데 4개월이나 건너뛰다니. 생리를 처음 겪는 사람들에게 생리는 말 그대로 아주 규칙 없이 나타난다는 것을 나중에 알게 되었지만 그땐 엄청 걱정스러웠어. 누군가에게 털어놓을 용기도 없었어. 내 머릿속에는 온갖 불안한 생각이 끊임없이 떠올랐어.

어떤 설명할 수 없는 방법으로 임신을 하게 된 것은 아닐까? 난 평생 난자를 하나밖에 갖지 못하는 걸까? 그래서 한 번밖에 없는 임신 기회를 놓친 걸까? 나도 모르게 열세 살에 아이를 가진 거라면 이 아이를 낳아야 할까? 내가 앞으로 임신을 못하게 된다면 그냥 인정하고 살아야 하는 건가? 어떤 선택을 해야 할까? 지금의 나라면 당연히 그냥 인정하고 사는 쪽을 택할 거야.

아이를 가지고 싶다면 입양을 하는 방법도 있고, 시험관 아기를 시도해 볼 수도 있거든. 물론 열세 살 때에는 이런 방법들에 대해 미처 생각하지도 알지도 못했어. 그저 걱정에 휩싸여 막막하기만 했지. 그렇게 힘든 시간을 보내던 중에 어느 순간 나를 위로하는 내 모습을 발견했어. '어쩌면 생리 안 하고 편하게 사는 게 잘된 일인지도 몰라.' '오버나이트 생리대 따위를 그리워할 필요는 없잖아.' 그리고 마침내 다시 생리를 하게 되었을 때, '아이란 참 생명줄이 긴 존재구나.' 하고 생각했어.

# 생리대에 대한 모든 것

열세 살 여성에게는 너무너무 어려운 세 가지가 있어.

첫 번째는 1.45m 높이에서 다이빙하기

두 번째는 '촉진하다'라는 단어 적절히 사용하기

세 번째는 어떤 생리대가 내게 맞는지 알기

1.45m 높이에서 다이빙하기는 열네 살에 성공했어. 수영대회 지역 예선에서였지. 봄 내내 엄청 연습해서 지역 예선에서 2등을 했거든.

중학교 2학년 국어 시간에 '촉진하다'란 단어를 배웠는데 정확히 어떤 맥락에서 사용해야 하는지 지금도 잘 모르겠어.

어떤 생리대를 쓰는 것이 내게 좋은지를 알게 되기까지는 첫 생리를 한 이후로 꽤 오랜 시간이 지나서였어. 아마도 2년은 걸린 것

같아. 2년이 지나서 처음으로 탐폰도 사용해봤어. 고등학교 3학년이 되어서야 생리컵에 대해서 알게 되었고. 그때는 체육시간에 높이뛰기도 배웠어. 스웨덴어 수업 시간에는 모르던 용어들도 많이 배우게 되었지.

너희는 내가 어려워했던 한 가지를 이 책을 보며 쉽게 알게 될 거야. 모든 종류의 생리대에 대해서 알게 될 거야. 생리대, 팬티라이너, 생리컵, 탐폰 등!

### 생리대(패드형)

생리대는 아주 역사가 긴 물건이야. 아마 빵보다 역사가 더 오래

되었을 걸? 믿기지 않겠지만 사실이야. 역사를 통틀어서 자궁을 가진 사람들은 나이아가라 폭포처럼 생리혈이 흘러내리는 것을 막기 위해 뭔가를 사용해왔어. 요즘 우리가 알고 있는 종류의 생리대는, 즉 가게에서 사서 쓰고 버리는 종류의 것은 1940년대 처음 나왔어. 그때는 생리대에 붙어 있는 밴드로 팬티에 고정시켰어. 뒷면에 찍찍이가 있어 팬티에 고정되는 방식은 1960년대에 나왔어. 모양은 좀 작은 기저귀에 가까웠지. 요즘은 다양한 종류의 모양과 크기와 두께로 세분화되었지만 말이야.

시중에서 파는 일회용 생리대에는 거의 화학물질이 들어가 있어. 생리통도 심해지고 여성의 건강에 좋지 않다며 면생리대를 선호하는 사람들이 많아. 면생리대는 좀 비싸긴 하지만 직접 만들어 쓸 수도 있어. 하지만 빨아서 써야 한다는 어려움도 있긴 하지. 학교에서 면생리대 만들기 수업을 하면 얼마나 좋을까?

### 장점

누구나 체형에 상관없이 사용할 수 있는 생리대야. 화장실 갈 때마다 바꿀 필요는 없어. 언제 갈아야 될 지 딱 보면 알아. 그래도 애매하다면 흰색보다 빨간색이 더 많이 보일 때 갈면 좋아. 생리대가 몸에 딱 맞게 자리 잡고 있으면 생리혈이 새어나올 확률은 거의 없어. 또한 가장 큰 사이즈 탐폰보다 가장 큰 사이즈 생리대가 생리혈을 더 많이 흡수해. 생리혈 양이 많고, 특히 자주 갈 수 없는 밤에는 생리대가 편할 거야.

### 단점

생리혈이 몸 바깥에 있게 되지. 많은 사람들이 생리대를 이질적으로 느껴. 흔히들 생리혈에서 지독한 냄새가 난다고 생각하는데 실은 생리혈이 생리대의 화학물질과 만나며 냄새가 심해지는 거야. 그렇다고 너무 신경 쓰진 마. 냄새 때문에 너희가 생리 중인 걸 알게 되는 사람은 없을 테니까. 엄청난 후각을 가진 사람이라도 정확히 그게 무슨 냄새인지는 알 수 없을 거야. 보통은 빨지 않은 베개에서 나는 냄새 정도라고 생각하면 돼.

생리대를 착용하면 수영은 할 수 없어. 결석은 이 언니 사전에 없는 말이지만 생리대를 해야 한다면 학교 수영 수업에는 참석을 못 할 수도 있어. 그리고 많이 움직이면 생리대가 닳기도 해. 생리대를 착용하고 달리기를 하게 되면 성기에 닿는 촉감이 불편할 수도 있어. 소변이 너무 급해서 팬티를 확 내리면 털이 생리대 뒤편 찍찍이에 붙어있는 걸 발견할 때도 있을 거야.

생리대에 대한 재미있는 사실

영어로 생리대는 패드야. 영어권 사람들은 애플에서 아이패드를 처음 출시했을 때, 조금 웃었을 거야.

### 팬티라이너

팬티라이너는 흡수 효과가 적은 생리대라고 말할 수 있어. 얇고 납작하며 팬티 안쪽에 부착하는 거야. 생리가 끝날 무렵에 나오는 분비물이 팬티에 자국을 남기거든. 그때 팬티라이너를 쓰면 좋아. 생리가 불규칙해서 언제 시작할지 모를 때 미리 준비하는 마음으로 사용할 수도 있어.

### 장점

생리 양이 아주 적을 때 쓰기 좋아. 생리 마지막 날쯤에 말이야. 생리대 하나를 쓰기에는 아까운 때 있잖아. 몇 방울쯤 나올 지도 모를 때 사용하면 딱 좋아. 질 안에 넣는 생리대인 탐폰이나 생리컵을 착용하는데 새어나올까 걱정이 될 때 팬티라이너를 사용하면 아주 깔끔하지. 원한다면 매일 사용해서 팬티를 깨끗하게 유지할 수도 있어. 많은 사람이 여전히 팬티라이너의 좋은 점을 잘 몰라. 팬티라이너를 만드는 회사에서 돈 벌려고 만든 거라고 생각하지. 소비지상주의 사회의 결과물 정도로 생각할 수도 있어. 그렇지만 팬티라이너는 심리적으로 많은 도움을 주기도 해.

### 단점

팬티라이너만으로는 생리혈을 온전하게 처리할 수 없어. 다른 것과 함께 사용해야 해. 결국 돈이 더 많이 들 수 있지. 생리 양이 많을 때 팬티라이너를 썼다간 팬티까지 다 젖게 되니 조심해야 해. 팬티라이너를 하고 마라톤을 뛰면 절대 안 돼. 다음 날 허벅지 안쪽이 찢어지는 느낌을 받고 싶지 않다면 말이야. 근육통도 생기고 무릎을 잘 구부릴 수 없게 될 수도 있어.

팬티라이너에 대한 재미있는 사실

인터넷에서 '팬티라이너의 역사'를 검색해 보면, 미식가이자 방송인인 에드워드 블롬이 네 번째 연관 검색어로 나와. 그래서 난 트위터로 친구에게 그가 팬티라이너와 무슨 연관이 있는지 물어보았어. 오! 대답이 왔지 뭐야. 그가 말하더군. "나도 정말 궁금해."

## 탐폰

탐폰도 아주 오래 전부터 사용해왔어. 예를 들어 고대 이집트에서는 탐폰을 부드러운 파피루스로 만들기도 했대. 고대 그리스에서 사용한 탐폰에는 잡아당길 수 있게 줄이 달려 있었다니 정말 오래된 아이템이지. 게다가 이 줄은 산보다 단단히 박혀 있었다는 기록이 있어.

### 장점

탐폰은 질 안에 넣는 것이라 냄새도 안 나고 밖으로 표가 나지도 않아. 처음 탐폰을 제대로 밀어 넣었을 때가 이 언니 인생에 가장 요상스러운 순간이었어. 그런데 탐폰이 들어 있다는 느낌이 전혀 없는 거야. 가만히 서서 한 동안 그 이상한 기분에 사로잡혀 있었어. 정말로 놀랍더군. 샤워를 하거나 수영을 할 때 가장 이상적인 수단이 탐폰이야. 수건으로 몸을 닦을 때 피가 묻지 않을까 걱정할 필요도 없거든.

생리혈 양에 따라 하루 몇 번을 갈아야 하는지, 어떤 크기를 써야 하는지 달라질 거야. 그래도 탐폰은 줄을 조금 당겨보면 언제 교체할지를 알 수 있어. 탐폰이 매끄럽게 빠져나오면 그때 갈아주면 돼. 편하지? 그것도 귀찮다면 8시간까지는 안 갈아줘도 돼. 설마 8시간인데도 귀찮지는 않겠지?

탐폰은 오래 사용하면 몸에 좋지 않은 박테리아가 증식할 수 있습니다. 그래서 4~5시간에 한 번씩은 양에 상관없이 교체해주는 게 좋다고 합니다.

### 단점

탐폰을 사용하고 싶어도 그러지 못하는 사람들도 있어. 사용하고 싶어 하지 않는 사람들도 있고. 질 안에 밀어 넣는 방식이라 선택하기가 망설여지지. 생리 초보자들은 사용하기 쉽지 않거든. 언니도 처음에 탐폰을 쓸 때 반도 못 넣었어. 얼마나 아팠는데. 초보자가 탐폰을 쓰려면 연습이 필요해. 넣고 자리를 잘 잡아줘야 하거든. 탐폰을 넣어서 자리를 잡는 요령을 익혀야 해. 그리고 생리 양에 따라 탐폰 크기를 고르는 노하우도 필요하고. 양이 적은데 큰 걸 쓸 필요는 없으니까. 이건 연습과 경험이 필요해. 교체할 때 팬티에 피 몇 방울 떨어지는 건 어쩔 수 없는 일이야. 그래서 언니는 탐폰을 쓸 때엔 팬티라이너도 같이 써.

독성쇼크증후군은 탐폰을 사용할 때 우려되는 질병으로 알려져 있어. 탐폰 포장지에 있는 '사용시 주의사항'을 잘 봐줘. 탐폰을 너무 오랫동안 착용하고 있으면 몸에 독성이 생길 수 있다는 말이야. '너무 오랫동안'이란 탐폰을 착용한 걸 잊어버리고 8시간 넘게 교체하지 않을 때를 말하는 거야. 그렇게 되면 분비물에 악취가 심해지고 그 때문에 독성 박테리아가 자궁에 모인다는 거야. 난 개인적으로 이 질환에 걸린 사람을 보지 못했어. 내가 본 적이 없다고 해서 안전하다는 건 아니니까, 꼭 자주 갈아줘야 해.

탐폰에 대한 재미있는 사실

탐폰은 프랑스어야. '마개', '막이'를 뜻하는 말이지. 탐폰은 옛날 프랑스 단어 tapon이 변한 말이야. 문자 그대로 '구멍을 메우기 위한 천 조각'을 뜻해. Tapon은 핀란드어로는 무언가를 죽였다는 뜻이야. 생리할 때 피가 흐르니 그 때문에 죽음과 연관시키지 않았을까 싶어.

독성 쇼크 증후군(Toxic Shock Syndrome; TSS)은 주로 생리 중인 여성이 탐폰이나 생리컵 등을 장시간 사용할 때 발생하는 경우가 많습니다. "질 내부로 삽입하는 탐폰은 더 많은 문제점들이 있다. 미국 질병통제센터는 1968년부터 1980년까지 탐폰에 의한 독성쇼크증후군(TTS) 발생이 미국 내에서만도 813건이나 되었고, 서른여덟 명이나 목숨을 잃었다고 보고한 바 있다. 독성쇼크증후군은 몸속에 있는 포도상구균이 방출하는 독소로 말미암아 발생하는 급성 질환을 가리킨다. 삽입된 탐폰이 이 균의 증식을 돕는 역할을 하여 쇼크를 일으키는 것이다. 독성쇼크증후군의 초기 증상은 감기와 비슷하며 고열, 근육통, 설사, 발진, 점막 출혈, 어지럼증 등이 나타난다고 보고되고 있다. 이런 문제로 인해 2008년, 한국 식약청도 탐폰 일회 착용 시간이 최대 여덟 시간이 넘어서면 독성쇼크가 올 수도 있다며 주의 당부를 발표하기도 했다." 박이은실, 《월경의 정치학》, 동녘, 2015, 180쪽

## 생리컵

생리컵도 우리가 선택할 수 있는 생리대 중 하나야. 생리컵에 대해서는 써본 사람만이 정확히 알아. 아예 들어보지 못한 사람도 있을 거야. 나도 예전엔 생리컵을 알지도 못했어. 누군가가 이 작은 실리콘 컵에 대해 알려주었지. 그 이야기를 듣자마자 내 머릿속에서 "뭐라고!" 하는 큰소리가 들렸어. 정말 놀라운 이야기였지. 생리컵은 접어서 탐폰처럼 질 안으로 넣는 생리대

거든. 그래서 더 놀라웠는지 몰라. 생리컵은 질 안으로 들어가면 자동으로 펼쳐져. 인터넷으로 주문할 수도 있고 약국에서 살 수 있어. 생각보다 오래된 생리대야. 1800년대에 작성된 생리컵에 대한 문서가 발견되었어. 그런데 왜 사람들이 잘 몰랐을까? 이건 생리대를 파는 기업에게 혐의가 있어. 생리컵은 한 번 사면 10년까지 재사용이 가능해. 일반 생리대나 탐폰은 계속 갈아줘야 하니까 기업이 돈을 많이 벌 수 있잖아. 그런데 생리컵은 반복 구매로 이어지지 않으니 돈을 많이 벌 수 없겠지. 아마 초창기에 생리컵을 쓴 사람은 환경론자를 가리키는 히피나 비건과 같은 대접을 받았을 거야.

## 장점

네가 일반적인 양의 생리를 한다면 생리대나 탐폰을 10년 동안 약 2,500개 정도 쓸 거야. 그런데 생리컵은 한 개만 있으면 10년 동안 사용할 수 있어. 300크로나에 말이다. 생리컵은 싸고 환경 친화적이야. 움직임도 편해. 우리 모두 손에 손을 잡고 석양을 바라보며 여름 초원을 뛰어다닐 수도 있어. 게다가 질의 점막을 건조하게 만들지 않아. 외출할 때도 생리컵 하나만 준비하면 되니 생리대가 몇 개 남았는지 전혀 걱정할 필요도 없어. 그리고 생리컵은 재미있게

히피(Hippie 또는 Hippy)는 1960년대 미국 샌프란시스코, LA 등지 청년층에서부터 시작된 기성의 사회 통념과 제도, 가치관을 부정하고 인간성 회복, 자연으로의 귀의 등을 주장하며 탈사회적으로 행동하는 사람들을 가리키는 말입니다. <위키백과> 참조.

비거니즘(Veganism)은 다양한 이유로 인해 동물성 식품을 섭취하지 않고 동물성 제품을 사용하지 않는 것을 가리킵니다. 그런 식습관을 가진 사람들이 비건(vegan)입니다. 채식주의자들은 육식만을 피하지만 비건은 유제품, 꿀, 계란, 가죽제품, 양모, 오리털, 동물 화학실험을 하는 제품까지 피하는, 보다 적극적인 개념의 채식주의자라 할 수 있습니다.

크로나(Krona)는 스웨덴 공식 화폐로 1크로나는 한국 돈으로 130원 정도 됩니다. 300크로나는 한국 돈으로 약 4만 원 정도입니다.<위키백과> 참조.

생겼어. 꼭 작은 모자 같아.

**단점**

탐폰과 마찬가지로 모든 사람이 생리컵을 선뜻 선택하지는 않아. 일단 사이즈가 맞아야 해. 자기에게 맞는 크기를 골라서 정확한 위치에 넣으려면 연습이 필요해. 인내심도 있어야 하고. 다른 말로 하면 꽤 많은 팬티에 생리혈 자국을 남길 수 있어. 이 언니도 처음 생리컵을 샀을 때, 9개월 동안 팬티를 버렸어. "매번 다음 달에는 잘 할 수 있을 거야." 하는 희망으로 한 달 또 한 달을 보냈지. 9개월을 그렇게 보내고 난 뒤에 깨달았어. 내 몸엔 생리컵이 맞지 않다는 걸. 많은 장점이 있지만 결국 울먹이며 생리컵을 포기했어.

내 몸에 맞는 생리컵 사이즈를 찾으려고 모든 사이즈의 생리컵을 산다고 생각하면 너무 돈이 많이 들잖아.💧 잘못된 사이즈를 사서 300크로나를 날려버리기에는 꽤 비싸니까. 내가 실패한 이유는 사이즈를 잘못 사서 그런 걸 거야. 생리컵을 빼고 비우는 과정도 꽤 끔찍하게 보일 수 있어. 공중화장실에서 변기 칸 내부에 세면대가 있지 않은 경우에는 생리혈이 묻은 생리컵을 들고 세면대까지 나가야 하잖아. 꽤 어려운 일일거야 아마.💧

💧 자기에게 맞는 생리컵 사이즈를 찾는 방법은 인터넷 검색을 해보면 예전보다 많이 나와 있습니다. 가운뎃손가락을 질 안으로 넣어 자궁 길이를 재고 그에 맞는 생리컵 사이즈를 고르면 됩니다.

💧 스웨덴에는 주로 화장실 변기 칸마다 세면대가 있습니다. 한국에는 화장실 칸마다 세면대가 있는 경우는 거의 없지요. 생리컵은 비우고 씻고 다시 끼우는 번거로움 때문에 한국의 공중화장실에서는 사용하기 어려운 측면도 있습니다.

생리컵에 대한 재미있는 사실

생리컵은 나라마다 다양한 이름으로 불려. 월경컵, 문컵Moon cup, 카타마니아컵catamania cup. 마지막 이름은 그리스의 카타마니아에서 유래됐어. 카타마니아는 '한 달에 한 번'이라는 뜻이야.

# 피 흘리며 성숙해지기

생리를 처음 시작했을 때를 생각해보면, 음… 도저히 말로 표현하기가 어려워. 가장 멋지고 가장 끔찍하면서도 가장 큰 위안을 느꼈다고 할까. 무엇보다 가장 신기한 건 내 성기에서 피가 흘러내리는데 내가 죽지 않았다는 사실이지. 그런데 가장 끔찍한 것은 생리통이 심한 거야. 너무 아픈데도 누구한테 말하기가 어려웠어. 생리는 너무나도 비밀스러운 일이었거든. 가장 큰 위안은 열세 살 때 그토록 치열하게 시작됐던 생리가 이젠 그냥 평범한 일 중에 하나가 되었다는 거야. 그 무엇보다 생리는 내 몸이 정상적으로 작동하고 있다는 증거거든. 그때 난 공부벌레였고 내성적이라 사람을 잘 사귀지 못했는데, 생리 덕분에 다른 여성들과 함께할 수 있는 공감대가 생긴 거야. 다른 여성들과 같은 편에 서게 된 거고, 비로소 내 자리를 찾은 느낌이 들기도 했어.

# 자궁이 있다는 이유로 발생하는 비용

생리대 가격은 종류와 사이즈, 제품 브랜드 등에 따라 다양해. 탐폰은 낱개 하나에 1~2크로나(130원~260원) 정도이며, 생리대는 1.5~3크로나(200원~400원) 정도야.[●] 생리컵은 개당 300크로나 정도니까 생리대 100~200개를 살 수 있어. 그러니 살 때 사이즈를 잘못 고르면 생리대 100개를 날리게 되는 거니까 정말 아깝지.

● 한국에서는 생리대 사이즈나 오버나이트 등 용도에 따라 생리대 개당 가격이 100~600원 정도입니다. 개당 평균가격은 330원 정도로 미국이나 유럽보다 비싼 편입니다.

난 덕후 기질이 강하거든. 그래서 계산을 해본 적이 있어. 나는 생리할 때 다양한 생리대를 사용하는 편이야. 생리컵만 빼고. 대충 따져보니 나는 매년 탐폰 12상자, 수면용 생리대 4상자, 팬티라이너 3상자를 사. 계산해보니 1년에 총 580크로나(약 7만 5천 원)가 필요

해. 게다가 생리통 때문에 매번 사먹는 진통제 가격을 합치니까, 1년에 1,700크로나(약 22만 원) 정도 되더라고. 내가 생리를 50세까지 한다는 가정 하에 계산해봤어. 평생 생리 때문에 쓰는 비용이 약 56,000크로나(약 7백 30만 원)가 들더군. 1년에 12주를 팬티와 바지에 피를 안 묻히기 위해서, 밤새도록 생리통으로 고통 받지 않기 위해서 그렇게 많은 돈을 써야 한다니. 너희도 생각해봐. "왕짜증! 이 돈을 아낄 수 있다면!" "차라리 자궁을 들어낼까?" "남자로 태어났다면 2년마다 새 노트북을 살 수 있을 텐데, 그것도 12년 동안 쭉." 이렇게 생각할 수도 있는 거잖아. 내가 생리하는 사람으로 태어나고 싶어서 태어난 것도 아닌데 말이야. 물론 내 성과 성 정체성에 대해 불평하는 건 아니야. 사실 난 내가 여자라는 데에 꽤 만족하거든. 하지만 너무 억울하잖아. 생리대는 모두에게 무료로 제공되어

야 한다고 생각해. 청소년 센터에서 콘돔을 무료로 제공하듯이 학교에서 생리대를 무료로 제공했으면 좋겠어. 인류의 지속을 위해 세상 모든 여성들이 겪는 일이니까 말이야.

때때로 이런 생각을 해. 불의를 참지 못하는 여성 동지들을 모아 생리 파업을 하고 싶다는 생각. 생리를 하는 날, 평소에 거의 입지 않는 바지를 입는 거야. 그러고는 생리대 없이 하고 싶은 일을 하며 돌아다니면 어떨까. 놀이 공원에 가서 롤러코스터를 타고, 좌석과 그 주변에까지 핏자국을 남기는 거야. 낙하산을 타도 좋겠어. 선명하고 영롱한 핏방울을 하늘에서부터 뿌리면서 내려오는 거지.

진통제 파업도 벌였으면 좋겠어. 생리대는 물론 진통제 등 생리할 때 필요한 물품들 모두를 무료로 지원받을 때까지! 가슴 깊이 자부심을 품은 여성 동지들이 진통제를 먹지 않고서 배를 움켜잡고 통증을 버티는 거야. 말도 안 되는 일 같지만 나는 만약 실제로 여성들이 모여 이 운동을 벌인다면 어떤 일이 일어날지 생각해봤어. 아주 철저하고 현실적이며 글로벌한 분석을 통해 결과를 예측해 보았지.

옷에 묻은 핏자국은 세탁을 해도 쉽게 지워지지 않아. 핏자국이 묻은 바지를 계속 입기는 좀 그렇잖아. 바지를 더 자주 사 입게 될 거야. 우린 부모님 수입이 늘어나거나 용돈이 많아지지 않으면 최대한 싼 바지를 사려고 하겠지. 그러면 열악한 나라들의 10대 아이들이 비좁은 작업 공간에서 땀을 쏟으며 더 많은 일을 하게 될 거야. 완전 비인간적인 작업 환경에서 너희 또래 친구들이 착취당하게 되는 거지. 그들의 임금은 오히려 낮아지고 청바지를 계속 사야 하는 여성들도 돈이 많이 들어서 결국 모두가 더 가난해질 거야. 계속 새 옷을 사야하기에 여성들은 돈을 절약하려고 싸구려 음식도 먹게 되겠지. 그러면 여성들 건강도 나빠지게 될 거야.

우리 뇌에는 뉴런이라는 신경세포가 있거든. 이 뉴런들의 연결 부위를 시냅스라고 부르는데 그 시냅스에는 각 신경세포를 연결하고 서로에게 신호를 보내는 신경전달물질이 여러 가지 있어. 이 물질 중에는 성취감과 쾌감을 느끼게 하는 도파민, 활력을 주고 에너지를 넘치게 하는 노르에피네프린도 있지. 이런 신경전달물질 중에 행복한 감정을 느끼게 하는 세로토닌이 있어. 생리전증후군과 생리통을 완화시키는 신경전달물질이 바로 세로토닌이야. 난 생리 중에 초콜릿이 엄청 당겨. 왜 달달한 거 먹으면 기분이 좋아지잖아. 그때 관여하는 호르몬이 바로 세로토닌이야. 그렇지만 달디 단 초콜릿 같은 음식은 많이 먹으면 몸에 별로 좋지 않아. 생리 중에 초콜릿을 너무 많이 먹다가 살이 찌게 되면 자궁에도 좋지 않은 영향을 주겠지. 그러면 우리 자궁에서 천천히 질병이 생기게 될 거야. 그렇게 되면 결국 지구상에 남자만 살아남게 되지 않을까? 아기를 낳을 여자들이 없어지면 당연히 인간은 멸종될 거고. 그럼 고래가 지구를 지배할라나?

우리 사회는 내 예측을 강력한 경고로 받아들여야만 해. 자궁을 가진 사람들에게 즉시 생리대를 무료로 지급하지 않으면 나는 당장 이 운동을 시작할 거야. 모든 지역에서 이제 방법을 찾아야 할 거야. 내 요구는 간단해. 생리를 하는 사람들 중에 20세가 되지 않은 사람들은 각자의 학교나 가까운 청소년 센터에서 생리컵이나 매월 한 달 치 생리대를 받을 수 있어야 해. 생리 지원 카드도 발급해 주어서 진통제 같은 걸 살 때에 20% 정도 할인 혜택을 주어야 해. 괜찮은 방법이지? 어렵다고? 그렇지 않아. 자! 나와 함께 뜻을 모아 이 운동을 시작할 사람, 손 들어봐!

# 클라라의 생리 용어 사전

난 생리에 대한 교육이 학교 정규 교과목에 포함되어야 한다고 생각해. 초등학교 4학년부터 중학교 3학년까지 생리에 대한 모든 것을 배우는 거야. 실제로 여성의 몸에서 어떤 일이 일어나는지도 배우고, 인류 역사에서 생리가 여성들을 탄압하는 데 얼마나 효과적인 수단으로 사용되어 왔는지도 배워야 한다고 생각해. 생리에 대한 모든 것을 말이야. 학교에서 그나마 생리를 다룰 만한 과목은 '생물'이겠지. 생물 시간 정말 재미없었는데 생리에 대한 내용을 다루었다면 얼마나 좋았을까.

네 자신을 알라. 아니 네 생리를 알라! 나도 생리 무식자였어. 정말 아무것도 몰랐지. 그래서 이 주제에 대해 충분히 공부해서 알아야겠다고 결심했어. 내가 열세 살에 첫 생리를 하게 되었을 때, 내 몸에 무슨 일이 일어나는 건지 나는 전혀 몰랐어. 내 머리에 '생리 지식 창고'를 만들 때까지 엄청나게 긴 시간이 걸렸어. 너희는 나처럼 시간이 오래 걸리지 않을 테니 너무 걱정하지는 마. 이 언니가 너희를 위해 간단한 단어장을 만들었거든. 외울 필요는 없어. 뱀파이어의 티백이라고 들어봤어? 그럼 이제부터 설명해 줄게.

**<생리 단어장>**

**생리대**: 납작한 직사각형에 모서리가 둥근 형태로, 팬티 안에 부착하여 생리혈을 흡수한다. 일회용과 재사용 가능한 면생리대가 있다. 일회용 생리대는 화학물질이 들어가 있어 생리통을 유발하며 몸에 좋지 않은 영향을 끼친다는 의혹을 받고 있다. 빨아 써야 한다는 불편함이 있지만 면생리대가 환경에도 좋고 몸에도 좋다. 다른 명칭으로 생리 냅킨, 패드, 생리 기저귀라고 부르기도 하고 부를 수도 있다.

**생리 혈떡임**: 내가 지어낸 말. 생리혈이 생리대를 새어나와 바지에 빨간 자국이 묻는 것을 말한다.

**생리 주기**: 생리를 시작한 날부터 다음 생리 시작 전날까지의 기간을 말함. 보통 26일에서 31일 정도이다.

**생리컵**: 실리콘으로 만든 컵. 탐폰과 비슷한 방식으로 여성의 질 내부에 넣는 것이다. 피가 컵 안에 모이게 되고 컵을 빼서 씻을 수 있어 반영구적으로 쓸 수 있다. 컵이란 이름 외에 달리 아직 적

절한 용어가 없다. 생각보다 잘 알려져 있지 않다.

**월경**: 생리의 고상한 다른 말이다. 학교 보건선생님이나 우리 할머니가 사용하는 단어가 아닐까. 라틴어로 '매월'이라는 뜻이며 한 달에 한 번씩 한다는 의미이다. 생리를 뜻하는 별칭으로 근대뿌리 샐러드, 홍해, 링곤 등이 있는데 모두 붉은 빛깔을 떠올리게 하는 것들이다.

근대는 1m 정도 자라는 풀이며, 꽃은 6월에 황록색으로 핀다. 근대 뿌리는 빨간색 빛을 띤다.

링곤은 스웨덴에서 많이 나는 빨갛고 작은 베리의 일종이다.

**생리통**: 통증은 아랫배에서 느껴지기도 하고, 허리와 허벅지에서 발생할 수도 있다. 자궁은 생리혈을 내보내면서 무척 바빠진다. 그래서 근육통을 앓는 것과 비슷한 증상이 나타난다.

**생리전증후군PMS**: 꽤 많은, 그러나 모두는 아닌, 자궁을 가진 사람들이 생리를 시작하기 며칠 전에 겪는 증상이다. 몸 이곳저곳이 쑤시고, 우울증, 신경질 이외에도 이유를 알 수 없는 감정적 불안 등을 동반할 수 있다.

**탐폰**: 미사일 같이 생긴 길쭉한 것이 질 안에서 생리혈을 흡수한다. 삽입을 도와주는 어플리케이터를 빼면 보통 4~5센티미터 정도 길이이다. 알맞은 위치에 잘 착용하면 불편함을 느끼지 않는다. 뺄 때에는 길게 나온 실을 잡아당기면 된다. 생리할 때 말고 여러

곳에 사용할 수 있다. 코피가 났을 때도 좋다. 특히 치과에서 충치 치료를 할 때, 입술 아래에 놔두면 입술을 들어 주는 용도로 사용할 수 있다.(농담이야~!) 다른 이름으로 뱀파이어의 티백 등이 있다.(심한 농담이야~!)

**배란**: 난자가 태어나 자궁에서 헤엄칠 때를 말한다. 생리를 시작하기 2주 전쯤 시작된다. 난자가 정자를 만나 수정이 되면 자궁 내막에 착륙(착상)하여 부드럽게 잘 자라라고 자궁 내막이 두꺼워진다. 난자가 정자를 만나 수정이 되지 않으면 이 두꺼워진 내막이 탈락하여 생리혈로 나온다. 그러니까 난자가 정자를 성공적으로 만나게 되어, 생리혈이 아니라 너희가 생긴 거란다.

2장

# 도대체 생리가 뭐야?

생리는 인류의 단 한 가지 목표를 위한 엄청난 기획이었어.

생리는 인류를 지속해서 존재시키기 위해 태어난 프로젝트거든.

자궁을 가진 우리 여성들은 이렇게 위대한 프로젝트를 수행하고 있는 거야.

그러니 우리 여성들은 우리의 권리를 당당히 요구할 수 있어야 해.

우리에겐 그럴 권리와 정당성이 있어.

# 삶을 위한 출혈

도대체 생리란 뭘까? 이 언니는 생리의 정체에 대해 알고 있어. 정말로. 설마 내가 너희들을 속이겠니? 그럴 리 없잖아. 어쨌든, 그럼 생리에 대해 본격적으로 알아보자.

난 '출혈'이라는 표현을 좋아해. 사실 그게 생리잖아. 출혈이란 말을 들으면 내 머릿속에 바로 떠오르는 장면이 있어. 길을 가던 사람이 갑자기 쓰러지자 누군가 급히 구급차를 불러서 그를 병원으로 옮기는 거야. 의사는 그에게 내부 출혈이 있었지만 괜찮을 거라고 말하고. 이게 언젠가 영화에서 본 장면 같기도 하고 내부 출혈이 생리와 전혀 관련이 없는 걸 수도 있겠지만, 어쨌든 '출혈' 하면 내겐 사람이 죽다 살아난 느낌이랄까, 그런 느낌의 이미지가 떠올라. 그래서 생리를 '내부 출혈'이라고 부르는 게 좋은 것 같아.

도대체 생리란 뭘까?

내가 열세 살 때 정리한 생리의 정체

빨갛다.

불편하다.

찝찝하다.

얼마나 다행이니? 우리는 매달 겪는 내부 출혈을 스스로 이겨내서 구급차에 실려 가지도 않잖아. 어쩌면 우리는 '슈퍼우먼'일지도 몰라. 처음으로 생리를 시작한 날, 피를 보고 까무러치게 놀라는 여자아이들이 있다는 얘길 들었어. 누가 이 아이들에게 어려서 그런 거라고 할 수 있겠니? 남자들이 옷을 벗다가 속옷에 피가 묻어 있다고 생각해봐. 아마 난리가 날 거야. 119에 전화해서 무서워 죽겠다고 할 걸.

물론 대부분의 사람은 생리가 무엇인지 알고 있어. 처음 생리를 시작할 때도, 매월 생리를 할 때도 내 몸 안에서 피가 나오는 걸 보며 죽을지 모른다고 무서워하진 않지. 생리통이 아주 심할 때는 이러다 죽는 게 아닐까 하는 생각도 들겠지만 그건 순간의 느낌이지 정말 죽지는 않잖아. 우리한테는 진통제도 있고.

도대체 이런 일이 왜 벌어지는 거지? 생리 때 도대체 우리 몸에서 무슨 일이 일어나는 걸까? 왜 우리는 출혈을 겪는 거지? 아프기까지 하고? 가장 중요한 질문은 따로 있어. 생리 중에 먹는 초콜릿 맛은 왜 그리 환상적일까? 그리고 초콜릿을 먹고 나면 축 가라앉았던 기분이 왜 다시 좋아질까?

이렇게 아프고 우울한 '생리교도'들을 그냥 놔두면 안 될 것 같아. 왜 그런지 알고 있으면 아프고 우울해도 기분이 조금 덜 가라앉을 거야. 이제 막 생리교도가 되었거나 곧 될 너희들에게 '생리교주'인 언니가 가르침을 줄게. 기도를 해야 하냐고? 장난해? 민트 초콜릿이나 한 조각 가져와. 그럼 바로 시작할 거야.

# 생리의 정체

일단 모든 게 정상적으로 흘러간다고 가정해보자. 생리를 하려면 난자 자궁 난소 이 세 가지가 필요해. 난자는 기본적으로 수십만 개가 있어야 해. 수천 개쯤 모자라도 크게 문제는 없어. 자궁은 일종의 근육이야. 자궁을 가진 여러분 중에 평소 운동을 너무 적게 한다고 걱정하는 사람이 있을 거야. 하지만 최소한 너희 근육 중 하나인 자궁이 한 달에 며칠씩 열심히 운동을 하고 있으니 안심해도 좋아. 한 달에 며칠씩(?)만 운동하면 되잖아. 맞지? 사실 나는 한 달에 네 번 정도 달리기 연습을 해. 일 년에 두 번씩 단축 마라톤 대회에 참가하거든. 대회에 나가면 한 3시간 정도 뛰어. 다음 날은 내 다리로 침대에서 걸어 나오지 못한다는 단점이 있긴 하지만. 요점은 운동은 한 달에 며칠씩만 하면 충분하다는 거야. 하복부 운동을 한 달에 며칠씩 한다는 건 굉장한 도전이야. 자궁 운동이 하복부 운동에 들어간다면 말이야. 우리 하복부에 복근(?)이 생길 지도 몰라.

난소는 자궁 양쪽에 난자가 들어 있는 곳이야. 정확하게는 난자를 키우는 곳이지. 난소에서 성장한 난자는 나팔관을 따라 자궁으로 이동해. 아직 다 자라지 않은 난자, 고상한 말로 하면 '미성숙 난자'(원시 난포)는 난소 두 개에 약 40만 개 정도 들어 있어. 원래는 총 200만 개 정도를 갖고 태어나지만 사춘기까지 40만 개 정도가 살아남아. 미성숙 난자는 폐경기가 될 때까지 약 2~3센티미터 크기를 유지해. 그러다 폐경기가 되면 쪼그라들어 크기가 작아져.

배란 1주일 전에 신체 호르몬이 난소에 난자가 필요하다는 신호를 보내. 그러면 난자가 성숙해지기 시작하지. 드디어 배란일이 되면 난소에 있는 난자들 중 하나가 나오게 돼. 매월 15개 정도의 난자 세포가 자라기 시작하지만 그 중에 하나만이 성숙한 난자가 되는 거야. 가끔 2개, 3개 또는 그 이상의 성숙한 난자가 생기기도 하는

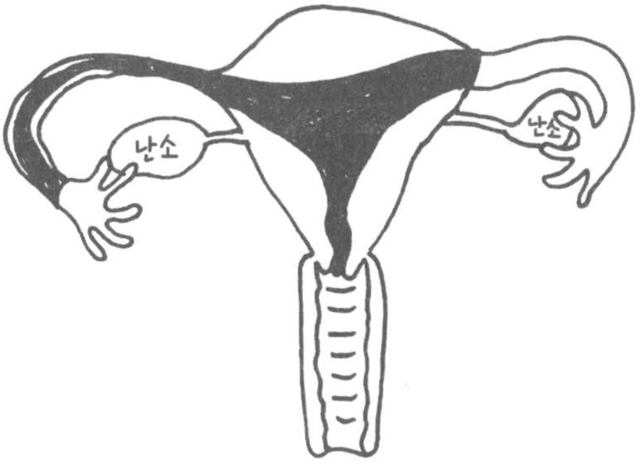

데 그러면 쌍둥이, 세쌍둥이가 태어나게 되는 거야.

난자가 난소에서 빠져 나오면 나팔관을 지나서 자궁으로 흘러가. 마치 우리 엄마가 나를 키우는 것처럼 순서가 있어. 엄마들은 마치 프로젝트 팀장 같지 않니? 하나를 하면 다음 것을 하고, 다 순서대로 움직이잖아. 그냥 난소가 자궁에 바로 연결되었다면 훨씬 수월했을 텐데 말이야. 우리 몸의 각 부분은 모두 무엇으로든 연결되어 있잖아. 뇌세포는 시냅스로, 심장이나 간 등은 혈관으로 연결되어 있지. 그러니 우리 몸에는 엄청나게 많은 길이 있는 거야. 난소와 자궁 사이에 난 길이 나팔관인 거지. 나팔관이 있는 이유, 뭔가 생물학적인 이유가 있을 거야.

이 나팔관 덕분에 나는 글을 쓰고 너희가 이 글을 읽게 된 거나 마찬가지야. 우리는 나팔관에서 첫 여행을 시작한 거거든. 난자가 난소에서 나와 나팔관을 통해 자궁까지 흘러가는 여행 중에 정자를 만나면 수정이 돼. 맞아. 성숙한 난자가 정자를 만나면 임신이 되는 거야. 그럼 성숙한 난자가 나올 때마다 임신이 가능할까? 내가 기네스북을 즐겨 읽지는 않지만, 기네스북 기록에 따르면 세계에서 가장 생산력이 왕성했던 한 엄마는 아이를 30명이나 낳았다고 해. 충분히 있을 수 있는 일이지.

성숙한 난자가 나팔관을 여행하는 동안 자궁도 열일을 시작해. 만약 난자가 정자와 만나 수정란이 되어 자궁으로 들어가게 되면 자궁벽에 착상해서 9개월 동안 성장하거든. 이 수정란을 안전하게 보호하기 위해서는 자궁벽이 부드러워져야 해. 그래서 자궁은 자

자궁내막은 자궁의 안쪽 벽에 있는 점막입니다. 점막은 신체의 부드러운 조직을 말합니다. 이 자궁내막은 배란과 생리 주기에 맞춰 발달되고 탈락되는 것을 반복합니다. 수정란은 자궁내막에 붙습니다. 이것을 착상이라고 부르지요. 수정란이 착상되면 자궁내막은 나중에 태아와 엄마를 연결하여 영양 공급도 하고 가스 교환도 하며 노폐물도 배출하는 태반으로 자라납니다.

궁내막을 만들어. 그런데 대부분의 경우 난자는 미수정 난자로 남게 되잖아. 그러면 우리 몸은 난자에게 "안녕!" 하고 작별인사를 해. 이때 자궁내막이 자궁벽에서 떨어져 나와. 그런 뒤 자궁은 난자와 자궁내막을 몸 밖으로 내보내는 거야. 이게 바로 나와 우리가 가장 관심을 갖는 생리라는 거지.

이렇게 생리가 시작되고 생리가 끝나. 생리 주기의 비밀이지. 난 이 분야를 제법 열심히 공부했어. 그래서 자궁 안에서 벌어지는 일들을 알게 되었어. 이 대목에서 내가 가진 의문점이 있어. 생리가 시작되고 끝날 때마다 자궁 일부가 자살 시도를 하는 게 아닐까라는 의문. 임신을 하면 마치 살아남은 것처럼 느껴질 거 같은데 생리를 하면 무엇인가 죽은 것처럼 느껴지거든. 이 느낌은 뭘까?

# 생리를 가리키는 다섯 가지 암호

역사를 돌이켜 보면 말이야, 많은 사람들이 생리에 대해 공개적으로 이야기하는 것을 싫어했어. 우리도 늘 생리를 비밀스럽게 숨기니까. 여자들끼리도 생리에 대해 말할 때면 다른 사람들이 알아듣지 못하도록 암호 같은 표현을 쓰잖아. 너희가 쓰는 '급식체' 같은 말처럼. 솔직히 말해서 '빨간 위험' 같은 말로 생리를 표현해도 괜찮은 일일까? 도대체 생리가 뭐가 위험하다는 거야? '링곤'이란 말은 또 어떻고? "나 생리 중이야." 이렇게 사실대로 말하면 좀 그런가? 따지고 보면 떳떳하게 말하지 못할 일도 아닌데. 그래서 생리를 대체하는 표현 몇 가지를 알려줄게. 너희들 마음에 들면 써도 돼. 아니면 좀 더 근사한 말을 만들어보던가.

우리나라에서는 "나, 그날이야!" 라는 표현을 많이 씁니다.

RED
나 오늘 빨간불 켜졌어.
나 오늘부터 파티 주간이야!
상어 주간이야. 건들지 마.
지금 나 내부출혈 중이야.

### 1. "빨간불이 켜졌어!"

예전에 이탈리아에서 열린 체육대회에 참가한 적이 있어. 우리 팀이 체육관에서 호텔로 걸어가는 길이었지. 얼굴이 파랗게 질린 여자아이 하나가 갑자기 멈춰서더라고. 무슨 일이냐고 누군가가 물으니 그 아이가 더듬거리며 말했어.

"지금… 내게… 빨간불이 켜졌어." 우리는 바로 무슨 일인지 알아차렸어. 단 한 번도 들어보지 못한 말이었지만, 그렇게 말할 수 있겠구나 하고 생각했어. 아주 마음에 들었지!

### 2. "파티 주간이야!"

인터넷에서 생리에 대한 자료를 찾다가 어떤 웹사이트에서 찾은 표현이야. 생리를 할 때에는 평소보다 파티를 덜 하는 편이지만, 이 글을 읽고 굉장히 기분이 좋아졌어. 다리 사이로 피를 흘리는 게 왠지 신나는 일이 된 것 같아서!

### 3. "내 거기가 근대뿌리 샐러드를 먹었어."

링곤이라는 말은 그냥 무시해버리자. 너무 평범하고 뻔하잖아. 부끄러움 가득한 입술이 열리고 날카로운 이빨로 작고 우스꽝스럽게 생긴 근대뿌리를 우적우적 씹는 모습을 상상해봐. 꽤 징그럽겠지만 재미있는 그림이 그려지지 않니?

### 4. "상어 주간이야!"

생리를 할 때 바다 수영을 하면 상어에게 잡아먹힌다는 미신에서 나온 말이야. 미국에서는 아주 많이 쓰는 표현이야. 상어 주간이라 배가 아프다고 하는 게 생리통 때문에 아프다는 표현보단 훨씬 재밌는 거 같긴 해.

### 5. "내부 출혈 중이야."

우리는 한 달에 한 번씩 내부 출혈을 겪는데도 멀쩡하잖아. 우리 스스로 멋지게 생각하면 좋겠어!

# 토네이도 급 생리통?

나는 지금도 첫 생리통을 생생하게 기억해. 우리 반 친구 두 명과 점심 먹으러 학교 식당 앞에 줄을 서서 기다렸어. 첫 생리가 끝나고 한참 지나서 시작한 두 번째 생리 중이었어. 생리대가 잘 자리 잡고 있는지 걱정이 좀 되었지. 그때 뭔가 따뜻하고 촉촉한 느낌이 들었어. 그러고는 배 안에서 뭔가가 꼬이는 느낌이 들었어. 배가 너무 고파서 그런 건지, 생리 때문에 드는 느낌인지 알 수가 없었어. 생리통을 경험해본 적이 없었으니 말이야.

어쨌든 내 입에서 "아!" 하고 외마디 신음소리가 새어나왔어. 갑자기 배가 아파져서 친구들에게 말했어. "배가 좀 아파." 그랬더니 친구 중 한 명이 주변에 있던 다른 친구들에게 말해줬어. "오늘 얘가 기분이 좀 안 좋아. 미리 말해 두는 거야." 모두들 그러냐고 했어. 덕분에 난 기분이 좋지 않다고 몇 번이고 말할 수 있었지. 내 친구들은 정확하게 왜 그런지 알고 있었고. 남자아이들은 배가 아프다고 하면 "너 생리 하냐?"며 놀렸겠지. 만약 그랬더라면 난 "아니거든!" 하고 한 마디 쏘아주고 그 자리를 벗어났을 거 같아.

내 첫 생리통 이야기를 하자면, 솔직히 좀 실망이었어. 엄청나게 아플 거라고 걱정하고 있었거든. 그런데 뱃속에서 조금 이상하게 아픈 느낌만 들었어. 그게 다였지. 생각해보니 내가 은근히 생리통을 기다렸던 건지도 몰라. "아니, 진짜 눈이 뒤집힐 것 같은 토네이도 급 생리통을 주는 게 뭐 그리 어려운 일이냐고. 어떤 기분인지 알게 해달란 말이지! 배야. 배야, 내 배야, 그게 얼마나 아픈 건지 좀 알게 해줘!"

그로부터 두 달 뒤 나는 '나의 소원'을 무지하게 후회했어. 막 생리를 시작했지만 가족들과 주말여행을 가는 날이었지. 그날 아침이었어. 갑자기 내 자궁이 뒤집어져 막 밖으로 나오려는 것 같았어. 조금 지나자 내 뱃속에서 한 점으로 시작되어 점점 커져가는 블랙홀이 생긴 것 같았어. 난 내 뱃속으로 세상 모든 게 다 빨려들어 오는 줄 알았어. 온 몸이 부서지는 것 같았거든. 난 벤치에 몸을 숙이고 앉아 팔로 머리를 감싸고 있었어. 내 아랫배에서 일어나고 있는 대혼란 때문에 난 세상 모든 것이 모호하고 의미 없게 느껴졌어. 쓸데 없는 소음만 가득한 세상에서 그렇게 웅크리고 있었지. 땀을 뻘뻘 흘리면서.

난 칠 년 동안 육상 선수로 있는 중이라 훈련 중에 가장 힘든 게 인터벌 연습이라는 걸 알아. 거의 고문 수준이지. 400미터를 여덟 번 뛰는 스프린트 인터벌 연습 때보다 그날 생리통을 참으며 더 많은 땀을 흘렸어. 단지 벤치에 몸을 숙이고 앉아 팔로 머리를 감싸고 있었을 뿐이었는데 말이야.

비행기를 타면 비상착륙 때 어떤 자세를 취해야 하는지 알려주잖아. 좌석에 앉아 상체를 최대한 숙인 자세에서 팔로 머리를 감싸고 있어야 하잖아. 딱 그 자세로 벤치에 앉아 있었어. 너희도 해봐. 생리통에 조금은 도움이 될 거야. 실제 비상 상황이니까. 그렇지만 머릿속으로 간절하게 기도했어. "자궁은 없어. 내게 자궁은 없는 거예요! 맞죠?"

그땐 정말 고통이 너무 심했어. "차라리 죽여주세요!" 하고 말할 뻔했다니까. 고통이 나를 집어삼키는 것 같았거든. 출산의 고통은 짐작할 수 없지만 생리통보다 더 끔찍하다면 나는 절대 아이를 낳지 않을 거라고 생각했어.

그래도 그렇게 심한 고통이 이해는 되었어. 경험적으로 설명이 가능하거든. 몸에서 피가 나오는 모든 경우에 우리는 아픔을 느끼잖아. 길에서 넘어져 무릎이 까져 피가 나면 아프고 칼에 베여도 아프고. 피는 여러모로 고통과 함께하는 것 같아. 생리도 피를 흘리는 일이니 아픈 게 당연할 거야. 그렇지만 피가 나는 상황에도 예외는 있어. 코피는 내부 출혈이지만 아프지는 않잖아. 가끔 몸 어딘가에서 희미한 핏자국을 발견하지만 그 피를 언제 흘렸는지 잘 알지 못하는 때도 있고. 분명 상처는 있는데 언제 어디서 그 상처가 생겼는지 짐작조차 못하는 때가 있거든.

# 생리통을 앓는 아랫배가 좋아하는 것들

## 1. 하렘 바지

생리 때문에 배가 아플 때 제일 큰 문제는 바지 단추가 배를 자극한다는 거야. 단추가 아무리 부드럽다 하더라도 말이야. 온몸이 쑤시고 살짝만 건드려도 엄청나게 아프거든. 갑자기 심하게 운동하고 나면 다음 날 걷지도 못할 만큼 다리가 아프잖아. 그런 것처럼 아프거든. 하렘 바지는 허리 부분을 얼마든지 넉넉하게 풀어놓을 수 있어. 바지를 골반이나 배꼽 위나 허리, 또는 가슴 바로 아래에 걸쳐둘 수도 있어. 어디에 둬도 바지는 흘러내리지 않아. 땡큐, 하렘 바지!

이슬람풍 바지로 밑단은 조여서 입지만 몸빼바지처럼 헐렁합니다. 원래는 고무줄이나 허리띠가 아니라 가슴 밑을 천으로 여러 번 둘러싸서 흘러내리지 않게 입는 바지입니다.

# 이것만 있으면 생리통 방어 성공

**2. 헐렁한 원피스**

아예 허리 단추가 없어. 허리를 조이는 고무 밴드도 없고. 간단히 문제 해결!

**3. 수면 양말**

일반 양말도 사실 전혀 문제는 없지만, 수면 양말은 부드러운 느낌을 주거든. '나에게 행복을 주는 작은 사치' 같은 거야. 패션 잡지 사진들을 너무 많이 봐서 그런 건지, 아니면 현대인의 타고난 기질인지 몰라도 거울에 비친 자기 모습을 보면서 "아 내가 너무 보송보송해 보여!"라고 말할 수 있으면 기분이 좋아지잖아.

**4. 특대 사이즈 두꺼운 스웨터**

난 평소 스몰 사이즈 옷을 입어. 그렇지만 나한테는 원피스처럼 무릎까지 덮을 수 있는, 커다랗고 두꺼운 스웨터가 하나 있어. 생리할 땐 늘 바지 단추와 허리띠, 고무줄이 문제가 돼. 얇은 원피스나 길쭉한 반팔 셔츠를 입을 수도 있지만 좀 추워. 무릎까지 내려오는 커다랗고 품이 넓은 스웨터를 입으면 여러모로 해방감을 느낄 수 있어. 수면 양말까지 신으면 나만의 생리 정장이라 할 수 있지.

**5. 이불**

생리통을 겪는 아침에 일어날 때 좋은 방법이 있어. 프랑스 핫도그처럼 몸에 이불을 돌돌 말고 일어나는 거야. 그러고는 옷도 갈아

입지 않고 그대로 하루 종일 뒹굴면 돼. 아무 때나 그럴 수 없다는 게 문제지만. 공휴일이나 휴가 때라면 엄청 좋겠지. 그리고 집에 아무도 없고 나만 혼자 있어야 해. 그래야 이불만 뒤집어쓰고 집 안을 돌아다녀도 문제가 없으니까. 옷을 갈아입고 학교나 회사에 가야 하는 상황에서는 불가능한 일이지. 생리통은 휴일에만 찾아오면 좋겠어. 생리통이 심한 날엔 가족을 쫓아낼 수 있는 권리도 있으면 좋겠고.

# 생리통이 생기는 까닭

생리통은 자궁이 피를 배출할 때 생겨. 앞에서도 얘기했잖아. 그런데 왜 침을 튀기며 재채기를 하거나 콧물을 풀거나 화장실에서 대소변을 볼 때는 아프지 않은 걸까? 우선 이 질문으로부터 생리통 원인을 생각해봤어. 나는 사람들이 생리를 대변보는 것과 비교해서 이야기하는 걸 자주 들었어. 그러니 내가 이런 생각을 하는 게 아주 바보처럼 생각되진 않아. 짜증은 좀 나긴 하지만 생리 이야기를 할 때 대변 이야기도 하는 게 뭐 그리 대수겠어?

생리와 대변은 당연 여러 면에서 차이가 있어. 자세한 건 나중에 다시 이야기하고 우선 가장 큰 차이점만 먼저 말할게. 대변 신호가 와서 급하게 화장실로 뛰어갈 때 있잖아. 우리는 변기에 앉을 때까지 평소에 잘 참아내. 그 전에 대변이 나오면 큰일이니까. 이때 쓰는 근육이 있어. 이 근육은 항문을 막을 때도 쓰지만 항문을 열 때도 쓰여.

그러나 자궁은 우리가 조정할 수 있는 그런 근육이 아니야. 자궁은 비워야 할 때를 스스로 알아서 우리의 지시나 의도 없이 자기 마음대로 움직여. 생리 주기가 시작되면 자궁은 혈액을 배출하기 위해 천천히 그리고 정확히 조였다가 풀어주는 수축 활동을 시작해. 아기를 출산할 때의 자궁 수축 활동과 같은 종류의 운동이야. 혹시 언젠가 죽을 것 같이 강력하고 끔찍한 생리통을 겪게 된다면 그때가 바로 아이를 낳는 고통을 느끼는 순간이라고 생각하면 될 거야. 하지만 생리통은 출산의 고통에 비하면 별거 아닐 거야. 태어나는 아기의 몸 크기는 생리혈과 비교할 수 없을 만큼 크니까.

아직도 잘 이해가 되지 않니? 그럼 이렇게 설명해 볼게. 운동을 너무 열심히 해서 근육이 온통 벌에 쏘인 것처럼 아프고 피곤할 때, 아니면 등산 뒤 집에 와서 소파에서 냉장고까지 걷는 것조차 힘들 때 우리 몸에서는 젖산이 나오거든. 딱 그때 그 느낌과 생리통이 비슷해.

젖산이 뭐냐고? 유산소 운동을 하게 되면 우리 근육은 많은 산소를 필요로 해. 과도한 운동을 계속하게 되면 몸에 산소가 부족해지거든. 그러면 피가 충분한 산소를 근육에 전달해주지 못 해. 이때 근육에서 젖산이 분비 돼. 젖산은 근육을 아주 피곤하게 만들어. 만약에 산소가 부족한데도 우리 몸에서 젖산을 분비하지 않으면 우리는 피곤함을 느끼지는 않겠지만, 산소 부족으로 호흡 곤란을 겪거나 이미 지친 근육을 무리하게 계속 써서 근육이 파열될

지도 몰라.

달리기를 할 때 다리에 젖산이 분비되고, 복근 운동을 할 때 복부에 젖산이 분비될 수 있어. 마찬가지로 생리를 할 때 자궁에 젖산이 과다하게 분비될 수 있는 거야. 그래, 알겠지? 이 '젖산' 때문에 생리통이 생기는 거야.

자궁이 자궁 내부의 점막, 즉 자궁내막을 자궁벽에서 분리시켜 몸 밖으로 내보내는 일은 쉬운 일이 아니야. 자궁 근육은 산소가 부족할 만큼 열심히 움직이게 돼. 부족한 산소 때문에 젖산이 분비되고 그 때문에 생리통이 생기는 거야. 우리는 운동을 하다가 힘들어지면 쉬기도 하잖아. 그런데 우리 몸 근육 중 가장 고집이 센 자궁은 힘들거나 지치는 것엔 별로 신경을 쓰지 않는 것 같아. 아파도 아랑곳하지 않고 계속해서 운동을 해. 자궁은 그리스 신화에 등장하는 시지푸스의 근육 같아. 커다란 돌덩이를 굴려 끊임없이 비탈길을 올라가야 하는 그 불쌍한 인물 말이야. 올려놓으면 다시 굴러 떨어지고 다시 올리면…. 아마 지금도 언덕 위로 돌을 굴리고 있을지 몰라. 우리 자궁처럼 말이야. 인터넷에서 시지푸스를 검색해 봐. 시지푸스의 유전자가 우리 자궁에 남아 있는 것 같아. 시지푸스가 자기 형벌을 우리한테까지 나눠주는 바람에 우리가 이렇게 생리대를 쓰게 된 건 아닐까?

생리를 하는 거의 모든 사람은 최소한 생리통을 일생에 한두 번은 경험해. 이 언니는 첫 해에는 이따금씩 생리통을 겪었어. 열여덟 살이 되었을 때 언니는 훨씬 강력한 생리통 공격을 받았어. 맛있는

아 생리통;;

감자칩이 내 입에 들어올 때보다 훨씬 자주, 훨씬 강하게 공격해 들어왔어.

고통이 최고로 심했을 때엔 배 허리 사타구니까지 너무너무 아파서 내가 뭘 어떻게 해야 할지 모를 정도였어. 그렇게 아플 때는 당장 아픈 것도 문제지만 언제까지 그렇게 고통이 이어질지 생각하게 되잖아. 그러면 더 무섭고 겁이 나. 생리통은 여성에게 아주 일반적인 현상이긴 해. 그렇다고 모두가 생리통을 겪는 것도 아니야. 어떤 달엔 통증이 없다가 또 다른 달엔 엄청나게 아파하는 사람도 있어. 드물지만 생리통을 거의 겪지 않는 사람도 있긴 해. 생리통 통증이 없거나 약한 사람은 자궁 수축을 일으키는 물질의 양이 적은 거야. 이 물질은 우리 몸 안에서 분비되는데 "자궁아 움직여라!" 하는 명령을 뇌에서 받아 자궁으로 전달해줘. 이 물질이 많으면 자궁은 더 열심히 움직여야 해. 그리고 생리통은 더 심해지는 거지. 이 물질의 이름은 '프로스타글란딘'이야. 생리통이 없어서 고민을 하는 사람이 있다면 전혀 걱정할 필요 없어. 그냥 운이 좋다고 생각하면 돼. 딱 적당한 만큼의 프로스타글란딘이 분비되어서 자궁이 생리혈을 배출하는 데 힘을 많이 들이지 않는 행운을 타고 난 거지.

프로스타글란딘(prostaglandin)은 체내에서 합성된 생리활성물질입니다. 우리 몸의 장기나 체액 속에 널리 분포하면서 극히 미량으로 생리 작용을 하며 PG라고 약칭합니다. 1930년 미국의 산부인과 의사인 클츠록이 사람의 정액에 자궁을 수축·이완시키는 물질이 있다는 것을 보고하였고, 후에 그 유효성분이 전립선(前立腺:prostate gland)에서 나온다고 생각하여 프로스타글란딘이라고 이름을 붙였습니다. 여성의 몸에서 나오는 것을 남성의 정액에 들어 있다고 오해하여 '전립선에서 나오는 물질'이라고 이름을 붙인 것입니다. <두산백과>(http://www.doopedia.co.kr) 참조.

# 여성은 인류 생존 프로젝트의 주인공

지구상에 자궁을 가진 사람이 35억 명 정도 되는데 그 가운데 17퍼센트 정도가 생리를 겪고 있어. 지구상에서 6억 명 가까운 사람들이 매달 생리를 겪는 거야. 땀이 날 정도로 긴장하기도 하고, 단 음식이 당기고, 허기가 지고, 냄새가 나는 거 같고, 아랫배가 뒤집어지는 것 같은 통증을 겪기도 해.

물론 생리 중에도 평소와 다를 바 없이 지내는 사람들도 있겠지만. 그건 뭐 말할 것도 없이 축복받은 사람들인 거지. 하지만 대부분의 여성들은 생리 때문에 불편함을 느끼며 살아. 인터넷 검색을 잠깐만 해봐도 생리를 하는 사람 중 절반 이상이 생리통을 겪는다는 걸 알 수 있어. 6억 명의 반인 3억 명 정도 되는 사람들이 생리통을 겪고 있다니. '오 마이 갓'이라는 말이 튀어나오는 게 당연하지.

이렇게 아프고 고통스러운 생리가 인류에게는 최고의 선물이라는 거 알지? 감자칩처럼 말이야. 감자칩이 없었더라면 인간은 엄청 불행했을 거야. 그리고 생리가 없다면 이 지구는 조금 덜 좋은 곳이 되었을지도 몰라. 생리가 없었으면 인류가 없었을 테니 말이야. 아니다. 지구 생명들은 인간이 없었으면 훨씬 더 좋았을 거 같기도 해.

생리는 인류의 단 한 가지 목표를 위한 엄청난 기획이었어. 생리는 인류를 지속해서 존재시키기 위해 태어난 프로젝트거든. 인류 생존을 위해 나와 수억 명의 사람들이 매달 힘들고 고된 내부 출혈을 견뎌내는 거지. 자, 우리 여성들이 위대해보이지? 그러니 남성들은 줄을 서서 우리 사인을 받도록.

자궁을 가진 우리 여성들은 이렇게 위대한 프로젝트를 수행하고 있는 거야. 그러니 우리 여성들은 우리의 권리를 당당히 요구할 수 있어야 해. 우리에겐 그럴 권리와 정당성이 있어. 생리를 하는 여성에게 몇 가지 권리를 부여하고, 그 주변 사람들에게는 몇 가지 의무를 부여하면 돼. 권리와 의무의 상호작용이 지속하는 한 우리 인류의 생명도 지속될 거야.

아주 거창한 이야기처럼 들려서 부담스럽지? 그런데 사실은 별거 아니야. 무슨 얘기냐면 우리를 좋아하는 가족이나 친구들로부터 생리 중에 아이스크림을 얻어먹을 수 있으면 좋겠다는 거야. 좀 더 따뜻한 포옹을 받고 싶고, 생리 초반에는 밥을 할 힘도 없다는 걸 이해해주면 좋겠어. 좋아하는 과자를 사려고 몇 초 거리에 있는 가게까지 갈 힘도 없다는 걸 가족이나 친구들이 알아줬으면 해. 최소한 여성들만이라도 우리 스스로를 가엽게 여기고 여성의 권리를 찾아 누릴 수 있어야 해. 법에도 분명히 그렇게 나와 있어.♦

♦ 대한민국 헌법 제34조 3항에는 '국가는 여자의 복지와 권익의 향상을 위하여 노력하여야 한다.'라고 나와 있습니다. 국가가 생리대를 학교나 직장 혹은 보건소를 통해 무상으로 지급해야 할 의무를 지게 하는 것은 바로 이 헌법 조항이 있기에 가능합니다. 우리나라에서는 여성 인권 보호를 위해 가정폭력방지법, 성폭력방지법, 영유아보육법, 남녀고용평등법, 모자복지법, 모자보건법, 여성발전기본법 등의 법률이 제정되어 있습니다.

# 함께 생리를 위로하는 모임

일단 권리와 의무를 따지기 전에 당장 죽을 만큼 아파하는 우리 동지들은 뭘 해야 할까? 자리에 누워 자궁에 칼을 맞고 있는 우리가 무엇을 할 수 있을까? 그렇게 아플 때 이 언니는 일단 두 가지 생각을 해. 우선 '털이 복슬복슬한 아기 고양이와 아기 고양이의 발'을 떠올려. 너무 부드럽고 귀엽잖아. 이 생각을 하면 기분이 좋아져. 그리고 누군가에게 기도를 해. "아 너무 아파요, 정말 힘들어 죽겠어요. 일주일만 동면에 들어갈 수 있도록 해주세요, 제발요. 지금 이 순간 이 세상에서 제일 아픈 사람은 저예요. 불쌍히 여기시어 저에게 신경 좀 써주세요." 자기 연민이 하늘을 찌르지? 이렇게 불쌍한 나한테 내 스스로 뭘 못 해주겠니?

내가 생리통으로 자리에 누워서 이불에 파묻혀 있을 때 잘 쓰는 방법은 또 있어. 간절하게 부탁을 해서 친구에게 사오게 한 초콜릿을 먹고, 루이보스 차를 마시며 영화를 봐. 한 번은 내가 편도선염에 걸려서 침을 삼킬 때마다 너무 아파 소리를 지르고 싶을 때가 있었어. 물론 아무 소리도 안 나왔지. 편도선염에 걸렸잖아. 생각해보면 그때도 내가 그렇게 불쌍하게 느껴지진 않았어. 나는 생리통을 앓고 있을 때 세상에서 내가 제일 불쌍해지는 거 같아. 내가 생리통으로 고생할 때는 마치 먹던 아이스크림을 바닥에 떨어뜨린 네 살 아이가 된 것 같은 기분이 들어. 내가 알던 세계가 홀라당 짐을 싸서 주말여행을 떠나버린 기분이랄까?

이렇게 불쌍한 사람들끼리는 모여야 하지 않을까. 나는 생리 모임 여러 개를 만드는 꿈을 가지고 있어. 전국 조직으로 만들 거야. 일주일에 두 번씩 모임을 가져. 그날, 생리중이거나 생리전증후군에 시달리는 사람들이 모여서 자신의 증상에 대해 서로 이야기를 나누며 케이크도 먹고 커피도 마시는 거야. 한 사람당 조금씩 돈을 내면 될 거 같아. 괜찮은 사업 아이디어지? 아닌가? 좀 더 자세한 설명이 필요하면 나를 찾아와. 매주 화요일과 목요일에 커피를 타 놓고 있을 테니!

## 클라라의 생리 간식, '라즈베리 컵케이크' 레시피

| | |
|---|---|
| 컵케이크 20개에 필요한 재료 | 밀가루 (450ml)<br>설탕 (100ml)<br>베이크 파우더 (1티스푼)<br>바닐라 설탕 (1티스푼)<br>버터 (200g)<br>라즈베리 잼(100ml) |
| 조리법 | 1. 오븐을 200도로 데운다.<br>2. 준비한 밀가루, 설탕, 베이크 파우더, 바닐라 설탕을 모두 한 곳에 부어 섞는다.<br>3. 버터를 작은 조각으로 잘라서 위에 준비한 재료와 함께 섞어 반죽을 만든다.<br>4. 반죽을 조금씩 떼어내 작은 공 모양으로 만들어 머핀 틀에 담는다.<br>5. 틀에 담은 공 모양 반죽마다 위쪽을 엄지손가락으로 꾹 눌러 골을 만든 뒤 잼을 적당량 넣는다.<br>6. 10분 동안 오븐에서 구우면, 생리 간식 완성! |

# 생리통과의 전쟁에서 승리하는 무기 5가지

### 1. 진통제

지구 인구 중 절반은 자궁을 가지고 있고 생리를 하게 되어 있어. 그리고 지금까지 인류 역사 내내 여성들이 생리를 해왔어. 그런데 지금까지도 생리통 없애는 약 하나 개발하지 않았다는 게 말이 돼? 빌어먹을, 남성중심주의!

꼭 집어 생리통을 완화해주는 약은 없지만 두통이나 치통 같은 일반적인 진통을 완화해주는 진통제들은 꽤 많이 있어. 진통제로는 이부프로펜이 함유된 것이 가장 효과적이야. 프로스타글란딘을 억제해주는 여러 가지 진통제가 있어. 진통제를 먹으면 몽롱해지면서 기분이 붕 뜨기도 해. 이런 느낌이 싫다면 생리 일주일 전부터 마그네슘 보조식품을 먹어둬. 마그네슘이 생리통에 효과가 있다고 알려져 있거든.

진통제를 준비했다면 언제 먹는 게 좋을까. 가장 좋은 방법은 생리가 시작될 신호가 오면 바로 진통제를 먹는 거야. 이미 통증이 심해져 몸에 힘이 다 빠진 뒤에 먹는 것보단 나아.

생리통을 다스리려면 생리가 시작되기 하루나 이틀 전부터 소염진통제를 먹는 게 좋다고 합니다. 과다한 프로스타글란딘 분비를 막아 통증을 빨리 줄여주는 효과가 있고, 또 생리통이 본격적으로 진행될 때에는 약을 평소보다 두 배 정도를 복용해야 하므로 미리 약을 먹는 게 전체 복용량을 줄이는 방법이라고 합니다. "약국에서 자주 만나는 약에 대한 '위험한 상식 20' 김혜진 약사 편", <헬스조선> 특집기사, 2016년 9월 27일자 참조.

한 가지 진통제로 별 효과를 못 느낄 때는 두 가지를 같이 먹는 것도 방법이야. 권장량의 이부프로펜과 권장량의 파라세타몰로 만든 진통제를 같이 먹는 거지. 이 두 성분이 상호작용하여 진통제 효과를 높이기 때문에 그렇게 해도 돼. 하지만 두 가지 중 하나라도 권장량 이상을 섭취하는 것은 위험해! 진통제 한 알 더 먹는다고 별일 있을까 하는 생각은 매우 잘못된 생각이야. 큰일이 생길 수 있으니 절대 그렇게 해서는 안 돼. 꼭 의사 선생님이랑 상의해서 자기 몸에 적당한 양을 먹어야 해.

## 2. 운동

등산하고 난 다음 날 아침은 몸의 근육이 끊어질 정도로 아파. 안 하던 운동을 해도 그렇고. 그럼 사람들이 그래. 운동을 해서 근육을 풀라고. 운동 때문에 생긴 근육통에 운동이 도움이 된다니. 모순되게 들릴 수도 있지만 사실이야. 그런 효과 때문인지 적당한 운동은 생리통 완화에 도움이 돼. 산책이나 달리기 등 어떤 운동이든 한번 해봐. 몸의 여러 근육을 쓰게 되면 자궁이 긴장을 풀게 되면서 통증도 완화되거든. 그뿐 아니라 운동을 하면 몸에 엔도르핀이 분비되면서 기분이 좋아져. 엔도르핀은 기분을 좋게 해주는 신경전달 물질이야. 너희들이 생리 중에 운동을 하면 속이 울렁거리는 나 같은 체질이 아니라면, 운동은 꽤 괜찮은 방법이야.

### 3. 온기

운동을 해서 몸을 따뜻하게 만드는 것도 좋지만 다른 방법으로 몸을 따뜻하게 해주는 것도 생리통 완화에 도움이 돼. 배꼽 아래에 따뜻한 물병을 올려놓아도 좋아. 너무 뜨거우면 화상을 입으니 따뜻한 물을 담은 통에 수건을 싸서 배에 올려 둬. 허리나 다른 곳이 아프면 그 아픈 부위에 올려 둬도 좋아. 생리 중에는 자궁이 전쟁을 치르는 중이니까 자궁에 온기를 전하면 휴전을 하게 되는 거 같아. 물론 이 방법도 사람마다 효과는 다르겠지.

나는 생리 중에 격렬한 운동을 할 때랑 비슷한 몸 상태를 겪기도 했어. 속이 막 울렁거리더니 결국 변기를 부여잡고 토를 하는 참변으로 이어졌지. 내게 가장 안전한 방법은 헐렁하고 편한 바지를 입고, 복슬복슬한 수면 양발을 신고, 이불을 턱 아래까지 덮고 침대에 누워 있는 거야. 무엇보다 중요한 건 몸을 따뜻하게 해주는 거지. 좋은 책 한 권, 영화, 친구가 고통을 완화해주는 역할을 할 수도 있어. 몸뿐 아니라 마음을 따뜻하게 해도 좋아.

나는 생리 때 원두커피를 많이 내려놓고 차와 코코아도 준비해. 그러고는 좋아하는 사람을 꼭 안고 있으면 기분이 좋아져. 엄마 좋다! 엄마를 꼭 껴안고 있어 봐. 엄마가 바쁘면 반려동물을 쓰다듬어

줘. 몸과 마음이 따뜻해지면 힘든 게 조금 나아지거든. 아늑한 분위기를 만들고 편안함을 느낄 수 있도록 해봐.

### 4. 음악

모든 생각을 생리통에만 집중하면 뱃속이 꽈리를 틀 듯 꼬이는 것 같아 고통이 더 커져. 그렇다고 다른 생각을 한다는 건 쉽지 않은 일이긴 해. 내 경우 토하기 바로 직전처럼 속이 계속해서 울렁거리거든. 메슥거리는 속을 참고 있다 보면 오직 한 가지 생각만 머릿속을 떠다녀. 언제 화장실로 돌진해 변기를 부여잡게 될까 하는 생각. 한 번은 내가 시골로 여행 갔다가 스톡홀름으로 기차를 타고 올라가던 중이었어.

기차여행 5시간 내내 딱 그 느낌으로 앉아 있었으니 내가 어땠겠니? 정말 끔찍했어. 잠을 자보려 했지만 눈을 감으면 속이 울렁거리다 못해 속에서 뭔가 끓어올라 목구멍까지 차오르는 거 같더라고. 결국 나는 초점 없는 눈으로 창밖을 바라보거나 다른 생각을 해보려고 노력하는 거 이외엔 아무것도 할 수 없었어. 다른 생각이라 해봤자 숨을 오래 참을 수 있는 내가 대견하다거나, 공기가 상쾌해서 좋다거나 하는 것들이었지만. 그렇게 3시간 정도 지나자 더 이상 생각할 힘도 없어지더라고. 그러다 핸드폰을 꺼내 음악을 들었어.

그런데 음악이 최고의 안정제였던 거야. 메슥거림을 잊기 위해 '다른 걸 생각해야지' 하는 생각도 나지 않았어. 그냥 많은 생각이 자연스럽게 떠올랐어. 생리통이 완전히 나를 제압하기 전에 집중할 다른 대상이 필요했는데, 그게 바로 음악이었어. 그래서 나만의 선곡, '생리 플레이리스트'를 만들었어. 화가 나서 소리 지르고 싶은 하드 락(너무 아파서 애꿎은 베개를 주먹으로 때리며 아프다고 소리 지를 때 배경음악으로 쓰면 좋을)과 귀와 영혼을 마사지해 주는 듯한 싱어 송 라이터의 아름다운 기타 음악을 적절히 조합한 리스트를.

**5. 참아라!**

미안! 이걸 조언이라고 말하다니. 세상에서 가장 쓸모없는 조언이야. 그래서 제일 마지막에 말하는 거야. 참고 또 참아! 그래도 달라질 것은 없지만. 생리가 한 달에 한 번씩 있을 거라는 것, 정말 짜증난다는 것, 어쩔 수 없다는 것, 다 아는 사실이야. 그렇지만 또한 알아야 할 것은 너희들은 원더우먼이라는 것. 일 년에 열두 번의 생리를 치열하게 견뎌내고 있잖아. 언제나 여성으로서 세상에 엄청난 공헌을 하고 있다는 걸 잊지 마. '이달의 베스트 여성' 금메달을 매달 자신에게 달아줘. 생리를 한다는 것은 자랑스러운 일이야. 자부심을 가질 만큼.

지금까지 내가 알려준 방법을 따라해 보고 자신에게 맞는 방법을 골라서 사용해봐. 무엇보다 중요한 건 너희들이 '소중한 자궁의 왕'이라는 걸 잊지 마. 생리통을 느끼기도 전에 생리통이 사라진 것을 깨닫게 될 수도 있어. 모든 고통에 맞서는 출발점은 스스로를 사랑하고 자존감을 높이는 일이니까.

# 우리가 알아야 할 자궁내막증

자, 동생들! 이제 차 한 잔 준비하고, 폭신한 담요도 준비해서 가까이 모여 봐. 이제부터 좀 어려운 이야기를 하려고 해. 의사들이 하는 이야기를 쉽게 옮겨볼게. 어려운 말이 나와도 무서워할 필요는 없어. 그 때문에 언니가 이 책을 쓰는 거거든. 그리고 생리 때 이상한 증상이 나타나도 걱정할 필요는 없어. 평소와 다른 증상이 나타나면 걱정할 시간에 바로 병원으로 가면 돼. 이 어려운 말을 쓰는 사람들이 우리를 잘 치료해줄 거야.

자궁점막의 의학적 용어가 자궁내막이야. 자궁내막은 앞에서도 말한 것처럼 수정란이 자궁 안에 부드럽게 자리 잡을 수 있도록 도와주는 점막이지. 자궁내막증은 생리가 정상적으로 이루어지지 않을 때 생기는 질환이야. 생리는 난소에서 난자가 나와 나팔관을 통해 자궁으로 들어가서 자궁내막과 함께 밖으로 배출되는 걸 말해.

자궁내막증은 자궁 안에서 자리 잡아야 할 자궁내막 조직이 자궁 밖에서 자리 잡으며 생기는 질환이야. 자궁점막은 자궁 안에 있다가 생리혈이 되어 나와야 하는데, 자궁내막증은 생리혈 역류 등의 원인으로 자궁 밖 뱃속 다른 부위에서 생리혈이 생긴 뒤 몸 밖으로 배출되지 못해서 생기는 거야. 이렇게 되면 체내 면역조직이 불안정하게 돼. 면역조직은 우리 몸에 좋지 않은 균이나 박테리아와 싸워 이기는 역할을 해주는데 그런 면역조직이 제대로 역할을 못하게 되면 그 부위에 염증이 생기게 되거든. 그렇게 되면 몸이 아프고 자칫 임신을 못하게 될 수도 있어.

자궁내막증은 여러 종류의 증상이 있어. 사람마다 나타나는 증상이 달라. 어떤 사람들은 아예 증상이 없기도 해. 가장 일반적인 증상은 생리통이 아주 심하다는 거야. 배란 때와 생리 전에도 통증이 극심하고 생리 양도 아주 많아져. 일상생활이 힘들 정도로 기운이 없어지기도 해. 사실 자궁내막증은 암이나 당뇨보다 훨씬 흔한 질환이야. 생리를 하는 사람 열 명 중 한 명은 자궁내막증을 경험한다고 해. 즉 그 열 명 중 한 명은 생리통이 너무 심해서 학교나 회사에 못 나갈 만큼 힘들어 하고 계속 구토를 하기도 해.

그런데도 아직 왜 자궁내막증이 생기는 지를 정확히 밝힌 연구가 없어. 유전일 확률이 높다는 정도만 알려져 있어. 원인을 확실하게 밝혀내지 못했으니 아직 치료도 확실하게 할 수 없어. 여러 의사를 거친 뒤에야 병을 정확하게 진단받는 경우가 있는데 자궁내막증도 그런 경우가 많아. 아직 의사들은 자궁내막증 치료에 대한 확신을 못 가져. 난 생리에 대해 더 알게 될수록 명확해지는 생각이 있어. 만약 남자들이 생리를 했다면 분명 생리에 대한 연구들이 훨씬 더 많이 되었을 거라는 생각 말이야.

난 상상하곤 해.

탐폰 생리컵을 포함해서 열여덟 살이 안 된 모든 여성에게 무상으로 생리대가 지급되는 사회!

학교에서는 남학생에게까지 필수 교과목으로 생리 교육 실시! 학교와 사회에서 생리휴가[♦] 전면 실시! 생리전증후군 등 의학적인 질병뿐 아니라 생리 자체에 대한 광범위한 연구 지원! 동시에 생리에 대한 문학작품 창작 지원!

이 정도 되어야 정상적인 사회가 아닐까?

♦ 생리휴가는 회사나 학교에서 생리 때문에 힘든 날 여성에게 주는 휴가입니다. 보통 회사에서는 한 달을 빠지지 않고 다니면 그다음 달 하루를 쉬게 해주는 월차휴가, 여름휴가 같은 정기휴가가 있습니다. 생리 휴가는 이런 휴가와 달리 생리 중인 여성만 사용하는 휴가입니다. 학교에서도 생리통이 심할 때 조퇴를 하는 경우가 있습니다. 하지만 생리휴가를 쓰는 여성이나 여학생이 일이나 공부가 하기 싫어서 휴가를 쓴다고 생각하는 경향이 있습니다. 개인마다 생리통 통증이 심하거나 약하거나 혹은 없을 수도 있지만 생리휴가는 모든 여성이 당연히 누려야 할 권리입니다. 그러니 생리휴가를 법이나 제도로 보장하는 것은 당연한 일입니다.

# 자궁내막증 대 전립선암

우리 사회는 아직도 생리와 그에 관련된 질병에 대해 명확히 밝히지 못하고 있어. 소수만의 문제로 여기거든. 인류의 반이 여성인데 왜 소수자로 취급받는지 모르겠어. 예를 들면 자궁내막증은 남성들이 주로 걸리는 전립선암 발병 확률만큼 높아. 전립선암은 스웨덴에서 가장 흔한 암 중 하나로 남성이면 누구나 걸릴 수 있는 질병이야. 물론 전립선암에 대해서는 그 원인과 예방법에 대해 어느 정도 알려져 있어. 전립선암은 꽤 많은 사람들이 그 이름을 들어 알고 있을 거야. 그런데 아직도 자궁내막증은 생소한 질환이고, 그 원인이 뭔지도 정확히 알지 못 하고 있어. 생리가 인간과 함께해 온 이래 자궁내막증은 줄곧 있었을 텐데 말이야. 게다가 자궁내막증을 앓는 사람들은 평균적으로 8년 정도가 지나서야 자기가 겪는 생리통이 일반적이지 않다는 걸 알게 된대. 8년 동안이나 자신이 겪는 생리통이 질환 때문인지도 모른 채 심한 생리통에 시달리는 거야. 반대로 전립선암에 대해서는 신문을 펼치거나 인터넷 접속만 하면 나오니, 내가 화가 나지 않겠냐고! 누군가는 평생 동안 자신이 자궁내막증 때문에 극심한 생리통을 겪는다는 사실도 모른 채 진통제 하나로만 버티며 사는데 말이야. 언론사들은 왜 전립선만큼이나 자궁내막증에 대해서 다뤄주지 않는 거지? 또 그 많은 병원과 연구소에서 왜 생리와 관련된 제대로 된 연구결과를 발표하지 않는 거지? 바로 이런 게 내가 화를 내는 이유야!

언젠가 내가 얼굴 피부에 문제가 생겨서 동네 병원에 간 적이 있어. 의사는 여드름일 뿐이라고 항생제를 처방해주지 않겠다는 거야. 그때 얼마나 화가 났는지. 퉁퉁 부어 고름까지 생긴 얼굴을 의사 얼굴 앞으로 들이밀었어. 최대한 침착한 톤으로 어떻게 여드름으로 얼굴이 이렇게 될 수 있냐고 따졌어. 그러나 돌아온 반응은 차가웠어. 결국 여드름 연고 처방만 받았지. 2주가 지나고 고름이 더 심해져서 나는 다시 병원을 찾아갔어. 결국 약 처방을 받았어. 2주 동안 내 얼굴은 슈렉이나 다름없었어. 슈렉 알지? 녹색 괴물 말이야. 내 피부는 농가진(고름딱지증) 증상이었어. 이렇게 간단한 질환도 제대로 진단하지 못하는 경우가 많아. 그런데 자궁내막증은 어떻겠어. 많은 여성들이 심한 고통을 받으며 병원에 가면 요로감염이란 진단을 받아. 그러니 제대로 된 치료를 못 받고 힘든 시간을 보내는 사람이 얼마나 많겠어. 현명한 의사를 만나 정확하게 자궁내막증 진단을 받는 사람은 운이 좋은 사람이야. 자궁내막증은 아직 질환의 원인과 진단과 치료법이 확실히 밝혀지지 않았어. 그러니 너희들 스스로 증상이 의심스러우면 의사를 찾아가 자궁내막증 검사를 받게 해달라고 해야 해.

생리통이 아주 심하다 싶으면 당장 산부인과를 찾아가. 여성 질환일 경우 일반 병원보다 훨씬 정확하게 진단을 받을 수 있어. 질환은 빨리 발견할수록 대응 방법을 찾기가 쉬워. 그리고 불임 가능성을 최대한 줄일 수 있어. 그러니 창피해 하지 말고 생리 때 몸이 좀 이상하다 싶으면 꼭 산부인과에 가서 진찰을 받아봐.

# 생리전증후군 PMS

스웨덴에 있는 모든 고등학생들이 가장 많이 쓰는 표현을 조사해 보면 이 말이 높은 순위에 올라 있을 거야. "너 생리하니?" 우린 학교에서 생리에 대해서 많이 배우지 않았어. 그래도 학생들은 생리 때면 당연히 기분에 영향을 받는다고 알고 있어. 이 부분은 아무도 의문을 품지 않아. 만약 너희들이 중학생 정도라면 '삼단논법'이 뭔지는 들어봤을 거야.

모든 동물은 죽는다. 모든 호랑이는 동물이다. 그러므로 모든 호랑이는 죽는다.

이때 삼단논법은 맞는 이야기야. 하지만 삼단논법이 모든 경우에 들어맞지는 않아. '모든'이라는 말에는 함정이 있거든. 한번 봐봐.

'모든 여자아이들은 생리를 한다.'

'모든 생리를 하는 여자아이들은 기분이 변화무쌍하다.'

'그러므로 기분이 변화무쌍한 여자아이들은 생리 중이다.'

어때? 맞는 말 같니? 뇌신경외과 전문의의 설명도 없이 바로 이런 결론을 내리다니. 의학적인 근거가 분명하지 않거든. 여자아이들은 생리를 하지 않아도 기분이 더러워질 수 있어. 어떤 일 때문에 화가 날 수도 있고, 슬퍼하거나 짜증을 낼 수도 있잖아? 그런데 생리에 대해 좀 안다고 근거도 없이 흔히 하는 말이 있어. "오늘 왜 그래? 너 생리하니?"

너희들은 이미 알고 있지? 이 말은 완전 잘못되었다는 걸. 논리적으로 전혀 맞지 않는 얘기야. 아이들 대부분이 잘못 알고 있는 거야. 이 말은 여성이 힘들어 하고 짜증내는 까닭이 생리 중이라 아픈 배를 참고 있기 때문이라는 얘기야. 문제는 많은 사람들이 이 잘못된 결론을 습관처럼 당연시 한다는 거야. 그런데 사실은 그 반대야. 한 달 중 호르몬이 가장 안정적일 때는 사실 생리를 할 때야. 왜 그런지 설명해 볼게.

우리 몸은 매달 주기적으로 생리를 겪잖아. 완경을 맞을 때까지 끊임없이 생리 주기를 반복해. 이때 보이지는 않지만 우리 몸은 항상 우리가 아이를 가질 것을 대비해서 준비하고 있어. 우리 몸은 단 하나의 목표를 가지고 있거든. 임신해서 아이를 낳는 것. 그러면 그 아이는 어느새 자라서는 샌드위치를 만들어달라고 우릴 보챌 거야. 난 "네 샌드위치는 네가 만들어 먹어." 하고 말할 거야. 그러면 그 아이는 자기 취향대로 샌드위치를 만들어 먹는 게 더 맛있다는 걸 알게 되겠지. 농담!

생리 주기는 사람에 따라 차이가 있어. 출혈을 시작하는 날을 생리 주기 첫 날로 계산해. 이때 생리에 영향을 주는 호르몬은 아주 일정하고 안정적이야. 생리 시작 전에 호르몬은 우리 몸에 아이가 생기지 않게 되었다는 신호를 보내. 그러면 자궁의 점막(자궁내막)이 떨어져서 생리혈로 나오는 거야. 여기서 말하는 호르몬은 에스트로겐과 프로게스테론이야. 이 호르몬들은 성 호로몬이라고도 불려. 이 중 가슴과 엉덩이를 부풀게 만드는 호르몬이 에스트로겐이야. 프로게스테론도 여성으로 성장하는 데 도움을 주지. 생리 중에 에스트로겐은 탈락된 자궁 점막을 한 달에 한 번씩 몸 밖으로 내보내주는 역할을 해. 프로게스테론은 임신을 할 수 있도록 우리 몸을 준비시켜주고. 특히 프로게스테론은 생리할 때 스트레스와 기분에 영향을 줘.

생리는 일반적으로 3일에서 7일 정도 지속돼. 배란일은 생리 주기, 그러니까 생리 시작 14일 전쯤이고. 배란 한 주 전에 우리 몸의 에스트로겐 수치가 올라가기 시작하고 자궁이 점막을 형성하기 시작해. 이 점막, 즉 자궁내막은 난자와 정자가 만나 수정란이 되면 안착해서 자랄 수 있게 되는 곳이야. 난자는 배란기에 나와. 이때 프로게스테론 수치 또한 올라가기 시작해. 엄청나게 빠른 속도로 말이지. 하지만 난자는 나팔관에서 아주 천천히 움직여. 그래야 정자를 만나 수정할 수 있거든. 생리 주기 약 24일 째, 수정란이 자궁에 안착해. 그때 자궁이 수정란을 품을 준비가 안 되어 있으면 임신이 되지 않아. 생리 주기 약 25일째 되는 날 우리 몸은 난자가 수정이 되었는지 확인해. 그리고 자랄 아이가 없다는 것을 알면 프로게스테론, 에스트로겐 수치가 떨어져서 다시 생리가 시작될 것을 알려줘. 바로 이들 호르몬이 많아졌다가 줄어들었다가 하는 동안 생리전증후군도 생겨나는 거야. 이러한 신체 내 호르몬 변화를 몸으로 느끼는 정도는 사람마다 차이가 있어. 어떤 사람은 아주 민감하게 느끼고 어떤 사람은 잘 느끼지 못해. 그 중 좀 더 민감한 경우에 생리전증후군을 겪게 되지. 생리전증후군을 전혀 겪지 않고 넘어가는 사람도 있어.

생리전증후군은 여러 가지 증상으로 나타나. 몸이 아프고, 가슴이 시리기도 해, 몸이 붓는 것 같고 피곤해져. 아니면 괜히 슬퍼지거나 화가 나고, 별거 아닌 일에 짜증이 나기도 해. 난 열여덟 살부터 생리전증후군을 겪기 시작했어. 내 인생에서 최고로 히스테리를 부린 날이 그 무렵 어느 아침이었지.

학교에 가기 위해 버스 정거장으로 걸어가는 중이었어. 딴 생각을 하려고 저장한 음악을 듣기 시작했어. 첫 노래가 내가 평소 좋아하던 셔플댄스 곡이었어. 그때 난 2월의 추위에도 불구하고 스니커즈를 신고 있었어. 길에는 눈이 쌓여 있었고 무지 추웠지. 그런데 그 음악의 비트가 점점 빨라지는데 내 눈가에는 눈물이 고이는 거야. 곧 눈물이 주체할 수 없을 만큼 쏟아지기 시작했고 나는 그 자리에 못 박힌 듯 한참을 서 있었어. 나는 그렇게 서서 엉엉 울었어. 댄스 음악을 들으며 울음을 터뜨린 거야. 신나게 춤을 춰야 하는 노래에 말이야. 그때 알았어. "아, 이런 게 생리전증후군이구나." 하고. 또 한 번은 지랄 맞게 어려웠던 수학 시험을 마치고 친구가 초콜릿을 사줬는데, 그때도 울음이 터져 나왔어. 내 입에 들어온 그 초콜릿 한 조각이 세상에서 맛 본 최고의 맛이라고 감탄하면서 말이야. 눈물을 뚝뚝 떨구었지. 이것도 호르몬 변화에 따른 증상이야. 재미있다고 해야 할까, 아님 끔찍하다고 해야 할까? 별 것 아닌 일에, 상황에 어울리지 않게 눈물을 쏟는 게 말이야.

시간이 지난 지금 생각해보면 웃기기도 하지만 생리전증후군은 아주 심각한 증상이야. 나도 모르게 평소에 느끼지 않던 감정을 느끼고, 거기에 휩쓸려 행동을 하게 되는 건 너무 당황스러운 일이잖아. 이런 상황을 생리전증후군 증상이라고 알아채는 것도 쉽지 않은 일이야. 생리전증후군 증상을 겪기 시작한 때로부터 수년이 지나면서부터는 생리 시작 며칠 전부터 심한 불안감까지 느끼기 시작했어.

모든 일에 자신감이 없어지고, 사람들이 다 내 험담을 하는 것 같아 늘 불안했어. 잠을 자다가 깨어서 울기도 했어. 몸은 부어서 펑퍼짐해진 것 같고 내 자신이 아무 짝에도 쓸모가 없는 사람이 된 것 같은 기분에 견딜 수가 없었지. 그런데 소름끼치는 일이 있어. 생리를 하는 여성 100명에게 생리전증후군을 겪은 적이 있냐고 물어보니까 75명이 분명 겪은 적이 있다고 대답했어. 75퍼센트야! 생리전증후군을 겪는 비율이 말이야. 이건 엄청난 사실이야.

# 생리전증후군 완화에 좋은 4가지 음식

## 1. 오렌지 주스

생리전증후군을 겪을 때는 뇌에서 술을 마신 뒤와 비슷한 증상이 나타난다고 해. 세로토닌● 수치가 떨어져서 몽롱해져. 비타민 C를 섭취하는 게 좋으니까 오렌지를 직접 짜서 내린 오렌지 주스를 하루에 여러 잔 마셔봐. 건강에도 좋고 기분도 좋아지고 생리전증후군 증상도 덜해져. 기분이 좀 나아진다는 말이야. 효과가 얼마나 좋은지 모르겠지만 나는 오렌지 주스를 좋아하니까 계속 마실 거야. 너희도 좋아하는 생과일 주스를 정해서 꾸준히 마셔봐. 비타민 C가 많은 과일로 말이야. 예를 들면 키위 같은 것. 조금 신 과일이 좋을 거야.

● 세로토닌은 우울증과 불안감, 스트레스를 줄여주는 작용을 하며 식욕과 수면 및 근육수축 등에도 영향을 주는 호르몬입니다. 일명 행복 호르몬으로 불리는데, 세로토닌 호르몬 분비를 촉진시키려면 비타민 B6을 섭취해야 합니다. 음식으로는 바나나 사과 아몬드 등이 있고, 또 적당한 운동과 잠깐의 일광욕도 좋습니다.

## 2. 호두

호두 아몬드 해바라기 씨. 이들 견과류에는 마그네슘이 들어 있어. 마그네슘은 생리통과 생리전증후군 증상을 완화하는 데 효과가 있거든. 하루에 몇 알 정도씩 꾸준히 먹어줘야 해. 요즘은 편의점에서도 작은 포장으로 모듬 견과류를 파니까 군것질 하고 싶을 때 과자대신 사서 먹어봐.

## 3. 생선

2010년쯤 발표된 연구 결과에 따르면 생리전증후군에 오메가-3[●]가 좋다고 해. 특히 화가 나거나 슬플 때, 기분을 달래주는 데 아주 도움이 된대. 오메가-3가 들어 있는 약이나 건강보조식품을 먹을 수도 있겠지만, 오메가-3가 많은 생선을 자주 먹는 것도 좋을 거 같아.

● 오메가-3는 불포화 지방산의 한 종류입니다. 우리 몸에 꼭 필요한 필수 지방산인데 체내에서 만들어 낼 수 없기에 음식으로 반드시 섭취해야 하는 지방산입니다. 주로 생선 종류에 많이 들어 있고, 들기름에도 들어있습니다.

## 4. 밀싹

밀싹에는 비타민 B6가 많아. 생리전증후군을 겪는 사람들은 비타민 섭취를 위해 밀싹을 갈아서 먹던가, 잘 볶아서 보리차처럼 차로 마셔도 좋아. 혼자 준비하긴 어려울 테니 엄마에게 부탁해봐. 이런 비타민은 생리와 상관없이 몸에 좋으니까.

# 생리전증후군 완화에 좋은 5가지 습관

## 1. 생리전증후군 일기쓰기

생리전증후군 증상은 사람마다 다 다르게 나타나잖아. 그때그때 기분이나 감정이 달라지고 몸의 증상도 달라질 수 있어. 그러니 내가 언제 어떤 상태에 처하게 되는지 종잡을 수 없게 되지. 그래서 우리에겐 기록이 필요해. 매일매일 짧게라도 일기를 쓰면 좋아. 일기를 쓸 때 그날 겪은 생리전증후군 증상을 따로 적어두는 것도 좋은 방법이야. 이건 자기 관찰을 잘하라는 이야기도 돼. 일단 너희들 취향에 맞는 노트를 준비해. 소녀 취향 예쁜 다이어리도 좋고 평범한 공책도 괜찮아. 그리고 석 달에서 넉 달 정도 하루도 빠짐없이 매일 저녁에 몇 줄씩이라도 쓰겠다고 마음을 먹어야 해. 일기 양은 중요하진 않아. 매일 꾸준히 쓰는 게 중요하지.

나는 글을 모를 때부터 일기를 쓰기 시작했어. 네 살 때였어. 난 못

생긴! 고양이를 그린 뒤 내 마음대로 지어낸 글자를 썼어. 내가 마치 유명한 작가라도 된 것 같았지. 나중에 정말 작가가 되고 싶어서 글쓰기 수업을 받기도 했어.

작가가 되라는 건 아니니까 내가 말하는 대로 꼭 따라해 봐. 그날 너희를 기쁘게 하거나 슬프게 한 것도 적어. 밥을 먹었는데도 배가 고팠다거나 몸이 붓거나 어딘가가 쑤시듯 아팠거나 해도 적어. 얼마나 피곤했는지, 기분은 어떠했는지, 스트레스를 받은 상황이 있었는지, 걱정과 불안감을 느꼈는지, 그리고 그 원인이 있었는지 등 너희가 느낀 것과 겪은 일들을 빼놓지 말고 글로 적어야 해. 누구나 그날 그날 느끼는 감정과 기분이 다른 법이니까. 그렇게 여러 달 일기를 쓰다 보면 매달 내가 언제 어떤 상태였는지 비교해 볼 수 있어. 마치 통계처럼 매달 비슷한 시기에 비슷한 기분과 감정에 빠져 있다는 걸 알게 될 수도 있어. 그렇다면 그 놈이 바로 생리전증후군이야! 일기장에 기록을 잘 해놓으면 아주 쉽고 정확하게 생리전증후군을 추적할 수 있어. 그러면 생리전증후군이 시작되기 전에 호두, 오렌지 주스, 견과류 등을 냉장고에 준비해 둘 수도 있잖아. 물론 나를 편안하고 기분 좋게 만드는 뭔가를 미리 준비해 둘 수도 있고.

## 2. 생리전증후군 이해하기

자기에게 생리전증후군이 언제 발생하는지 정확히 알고 있는 게 좋아. 좋은 생리 '앱'이 있다면 다운을 받아 실행해봐. Clue[💧], P-tracker[💧💧] 등 여러 앱이 있어. 네 정보를 입력하면 생리 주기, 배란

💧 Clue는 생리 주기를 알려주는 앱입니다. 과학과 데이터를 이용하여 사용자 고유의 생리 주기 패턴을 발견하도록 도와주는 여성 건강 어플리케이션입니다. Clue를 이용하시면 본인의 생리 주기, 생리전증후군 PMS 및 가임기에 대한 알림을 받으실 수 있습니다. Clue는 미국 산부인과학회ACOG에서 발행되는 산부인과과학저널에서 최고의 무료 생리추적 앱으로 선정되었습니다. 지금은 우리나라에도 생리 주기 관련한 여러 앱이 나와 있습니다.

💧💧 P-tracker는 이용자의 임신 가능일 및 생리주기를 알 수 있도록 도와주며, 두통 및 요통 등 생리전증후군 증상을 기록하여 진통제 등 약을 먹어야 할 때를 알려줍니다. 임신 모드가 있어서 홈페이지 타임라인의 간단한 안내 지침에 따라 임신을 하는 가장 쉬운 방법 및 관련 기사 등을 제공합니다.

일, 생리전증후군 증상이 나타나는 시기를 알려줘. 생리주기가 불규칙하다고 해도, 생리전증후군 증상이 시작될 때 알람을 보내줘. 스마트폰이 없을 경우에는 달력에 표시를 해둬. 내 경우에는 여러 증상이 생리전증후군 때문인지 아닌지 판단하기가 힘들어. 호르몬 변화 때문인지 생리와 관계없이 내 몸 상태가 그냥 좋지 않아서인지 정확하게 판단하기가 힘들더라고. 생리 전이 아니어도 생리전증후군 증상이 나타날 때가 있어서 그래. 그래서 주변 사람들이 나를 이상하게 여겨. 그 두 가지도 구분 못할 정도로 어리석다고 생각하나 봐. 나 같은 사람들한테는 생리전증후군 증상이 언제 나타나는지 아는 게 아주 중요해. 생리전증후군 시기가 예측 가능해지면 내 감정이나 몸 상태에 변화가 나타날 때 정확하게 무엇 때문인지 알 수 있으니까. 그러면 그 상태에 대처하는 것도 좀 더 쉬워질 거야. 생리 때문이라면 안심할 수 있잖아. 만약 다른 이유로 아픈 거라면 얼마나 걱정이 되겠어. 사람들은 살면서 불안한 마음을 가지게 마련이야. 그러나 왜 그런지를 안다면 최소한 불안감을 조금은 덜 수 있어. 밤중에 처음 가는 길은 무서울 수 있지만 네비게이션이 안내를 해주면 그렇게까지 불안하지는 않거든.

### 3. 생리전증후군이라고 사람들에게 말하기

"지금 나 몸이 좀 안 좋아."라고 말하면 사람들은 어디가 아프냐고 물어볼 거야. 그럴 때 네가 "나 생리 중이거든!" 하고 대답하면 사람들이 이상하게 볼지도 몰라. 열이 난다고 주변 사람들한테 이야기하면 병원에 가보라고 말하겠지만, 생리중이라고 하면 그런 대답을 듣기는 어려울 거야. 식중독으로 구토를 하면 빨리 병원에 가보라고 하겠지만 생리 때문이라고 하면 대답은 달라질 거야. 생리 때문에 아픈 사람이라면 정말 억울한 날이 될 거야.

생리전증후군을 겪는 대부분의 여성은 심하지 않다면 학교나 회사에 가도 문제가 없긴 해. 그렇지만 몸과 마음에 어느 정도 영향을 받을 수밖에 없으니까 그 사실을 주변에 알리는 게 좋아. 평소보다 일이나 공부에 집중하기가 어렵고 기분이 가라앉을 수도 있으니 주변에 알리는 게 좋아. 물론 아무한테나 말하라는 건 아니야. 부모님, 친한 친구, 선생님, 친한 동료 등 믿을 수 있는 사람에게만 해야 하겠지.

예를 들어 생리전증후군을 겪고 있는데 시험이 있다거나 중요한 일이 있을 수도 있잖아. 주변 모두에게 알릴 필요는 없지만 가까운 사람들이 알고 있다면 이해해주고, 배려도 해주고, 맛난 것도 사줄 거야. 이렇게 생리전증후군에 대해 너희 각자가 조금씩이라도 말하기 시작하면, 그건 너희들 자신한테만 좋은 게 아니라 사회 전체에도 기여를 하게 되는 거야.

생리 때문에 겪는 부끄럽고 수치스러운 느낌을 자연스럽게 털어버리게 되면 사람들은 생리에 대해 더 편안하게 여기고 존중하게 될 거야. 생리전증후군을 겪을 때 너희 주변 사람들이 특별히 더 인내심을 가져야 하겠지만 말이야.

### 4. 개를 쓰다듬기

물론 생리전증후군은 개랑은 전혀 상관없는 일이야. 그러나 아주 적절한 표현이야. 경직되어 딱딱하게 굴지 말고, '쓰담쓰담' 하라는 거야. 긴장을 풀고 침착해. 서두를 것도 없잖아. 난 운동을 좋아해. 하지만 몸이 좀 부은 느낌이 들고 여러 이유로 온갖 불안감이 엄습해 오면 나는 모든 계획을 바꿔버려. 내 몸 상태가 좋지 않으면 운동화를 신고 밖에 나가 달릴 생각은 아예 하지 않아. 몸과 마음이 많이 불안정한 상태에서 밖에 나가 뛰는 건 좋지 않아. 그런 상태에서는 잘 뛰지도 못할 거야. 마음을 편하게 가져야 해. 몸도 안 좋은데 나가서 운동을 해야 한다고 생각하면 스트레스가 더 쌓일 거야. 그러니 평소처럼 뭘 꼭 해야 한다고 집착하거나 자신을 억지로 다그치지 마. 무리하지도 말고. 따뜻한 곳에서 몸을 쓰다듬어주면 잠이 드는 개처럼, 네 자신을 다독여줘. 모든 걱정을 내려놓고, 그렇게 편하게….

### 5. 초콜릿 먹기

농담을 조금 섞어 이야기해볼까? 사람들은 초콜릿이 무슨 만병통치약이라도 되는 것처럼 말해. 기분상으로는 정말 그럴지도 몰라. 너희도 알잖아. 기분 전환에 달달한 거만한 게 또 있을까. 다리가 부러졌을 때 초콜릿은 우리를 걷게 만들지는 못하겠지만 기분은 좀 나아지게 할 수 있어. 우리를 기쁘고 행복하게 해주는 호르몬인 세로토닌 기억하지? 초콜릿은 편의점에서 살 수 있는 세로토닌이야.

엔도르핀도 들어봤지? 이 호르몬은 우리가 몸을 움직일 때 발생해. 세로토닌은 엔도르핀과 거의 같은 녀석이야. 화를 내거나 가슴이 설레거나 잠을 잘 때 분비돼. 과학자들 연구결과를 보면 생리전증후군이 있을 때는 세로토닌 수치가 떨어진다고 해. 대부분의 사람들 몸에서 수치가 아주 낮아진대. 이때 에스트로겐과 프로게스테론 수치도 같이 떨어진대. 왜 그런지는 정확히 모르고 있는 듯해. 과학자들은 '여성 질병'에 대해 시간과 돈을 많이 쓸 가치가 없다고 생각하나? 내 생각에는 과학자들이 그런 연구를 많이 하지는 않았던 것 같아. 그러니 아직도 각종 호르몬이 생리에 각각 어떤 영향을 미치는지를 밝혀내지 못한 거겠지. 어쨌든 세로토닌 수치가 낮아져서 우리는 불안하고 우울해지는 거야.

마침 초콜릿에는 엔도르핀을 조금씩 더 분비하게 해주는 성분이 있대. 세로토닌을 만드는 성분도 들어 있고. 생리 시작 전에 초콜릿을 챙겨 다니며 조금씩 먹어봐. 생리통 약을 생리 하루나 이틀 전부터 먹으면 좋은 것처럼, 생리전증후군 증상이 시작되기 전부터 초콜릿을 먹으면 최악의 상태는 면하게 될지도 몰라. 그렇다고 초콜릿에 너무 큰 기대는 하지 마. 기분이 조금 좋아지는 정도일 테니까. 절대 오해는 하지 말고. 초콜릿만으로 생리전증후군을 버틸 수는 없어. 심하면 병원에 가야하고, 약을 먹어야 될 수도 있어. 이것도 알아둬. 초콜릿을 너무 많이 먹으면 다른 병이 생길 수 있다는 사실을.

## 생리 무식자들에게 알려줘!

지금까지 너희들에게 생리전증후군에 대처하는 방법을 알려줬어. 이젠 학교 같은 데서 아이들이 네가 짜증낼 때 조롱 섞인 목소리로 "야, 너 생리하냐?" 하고 묻는다면 어떻게 대답해야 하는지 알겠지? 일단 생리에 대해 '일'도 모른다고 무시해줘. 그리고 이렇게 대답해주는 거야.

"기분이 좋거나 안 좋은 건 말이지, 생리 때문이 아니야. 생리는 생리일뿐이야. 기분이 안 좋아지는 건 생리전증후군 증상 때문인 거고!

생리 때문에 생리통이 생기고 철분이 부족해져서 기분이 나빠지기도 하지만 그건 전혀 다른 문제야. 무슨 이야기인지 잘 모르겠지? 내가 자세히 설명해주마! 뭘 좀 알아야 다신 바보 같은 소리를 안 할 거 아냐!"

아예 이 책을 갖고 다니다 생리 무식자에게 선물해준 뒤 독후감을 받는 것도 좋은 방법이겠다! 그렇지?

3장

# 생리에도 역사는 있다!

백만 년 전에 사람들이 생리를 했다는 생각조차 해본 적이 없었거든.

난 위대한(?) 발견을 한 거지. 이럴 수가!

인간의 역사가 시작된 때부터 기록되었어야 할 생리가

무슨 까닭에 마치 얼마 전부터 시작된 일처럼 느껴지는 걸까?

# 역사 교과에 없는 생리의 역사

책을 읽다보니 언니가 궁금해지지 않니? 아니다. 이 책은 남자들도 읽어야 하니 누나라고도 해야겠다. 이 언니(누나)에 대해 이야기해줄게. 내게는 여러 가지 면이 있어. 창의적이며 책임감도 강하고, 재미있고, 영화 해리포터 주인공이자 UN에서 여성 인권에 대해 연설을 했던 엠마 왓슨과 비슷한 면도 있어. 대신 자기관리는 최악이야. 회사에서 일 할 때는 30분도 집중을 못해. 소셜 미디어는 정말 좋아해서 시도 때도 없이 글 쓰고 사진 올리고 '좋아요'도 누르고 공유도 해. 좀 덜해야지 하면서도 이 원고 몇 줄 쓰는 동안에도 벌써 트위터에 네 번이나 들락거렸어. 자기관리는 영 꽝인가 봐, 정말.

내가 시간 관리를 잘하고 몰입을 잘하는 사람이면 얼마나 좋을까. 만약 그랬다면 능력 있는 사장이 되었을지도 몰라. 아니면 역사학 박사가 되었을 거야. 학교에서 역사는 내가 제일 좋아하는 과목 중 하나였거든. 너흰 역사가 궁금하지 않니? 우리가 사는 세상이 이토록 오래되었다는 게 신기해. 정말 매력적이야. 다큐멘터리 영화를 보면 구석기시대 사람들이 어떻게 사냥을 하고 동굴에서 어떻게 살았는지 볼 수 있어. 학교 다닐 때 중세시대에 만들었던 청동 그릇을 스케치북에 다양한 색깔로 그려본 적이 있어. 역사 공부는 내겐 정말 짜릿한 일이거든. 이렇게 역사 공부를 하다가 알게 된 사실이 있어. 생리의 역사에 대해서는 도통 들어본 적이 없는 거야. 백만 년 전에 사람들이 생리를 했다는 생각조차 해본 적이 없었거든. 난 위대한(?) 발견을 한 거지. 이럴 수가! 인간의 역사가 시작된 때부터 기록되었어야 할 생리가 무슨 까닭에 마치 얼마 전부터 시작된 일처럼 느껴지는 걸까? 갑자기 많은 궁금증이 생겨났어. 과거에는 생리를 하면 어떻게 대처했을까? 그때 사람들은 생리를 어떻게 생각했을까? 생리대는 있었을까? 내 직감은 뛰어난 편이야. 아무리 생각해봐도 원시인들이 초강력 흡수력을 가진 셀룰로오스[💧] 재질의 생리대를 사용했을 것 같진 않아.

생리는 사실 우리 몸 중에 열리는 곳, 피부의 모공이나 입 코 눈 항문 생식기 중 하나를 통해 피가 조금 나오는 것에 지나지 않은 일이야. 하지만 이 주제는 문화권별 역사를 살펴보면 다양한 관점으로 다루어져 온 것을 알 수 있어.

💧 셀룰로오스는 보통 섬유소라고도 부릅니다. 목재, 면, 마 등에서 채취합니다. 가장 편하게 셀룰로오스를 얻을 수 있는 것은 면입니다. 염산 같은 산에 의해 물처럼 녹아 분해되지만, 물에는 녹지 않고 화학 약품에도 저항성이 강합니다. 생리대나 탐폰의 주재료로 쓰입니다. 환경공학연구회, 《환경공학용어사전》, 성안당, 1996 참조

스웨덴에서는 최근 이 생리라는 주제가 매우 중요한 사회 문제로 떠올랐어. 요즘 생리에 관한 책과 생리 연대기, 생리에 대한 논쟁 등이 쏟아져 나오고 있거든. 이런 분위기는 과거와 달리 생리에 대해서 더 공개적으로 말할 수 있는 사회가 된 걸 보여주는 증거이기도 해. 여성들이 더 이상 숨기지 않겠다는 의지를 내보이는 거지. 생리혈로 만든 예술작품을 전시하기도 하고, 생리에 대한 수치심을 다룬 연극이 공연되기도 해. 어떤 작가는 탐폰 모양의 귀걸이를 만들기도 했어. 우리는 생리를 다룬 역사 기록과 지금의 사회 분위기를 통해 하나의 질문을 뽑아낼 수 있어.

"아니, 잠깐만! 내가 생리 중인 걸 다른 사람이 알면 어때? 내가 왜 부끄럽고 수치스럽게 느껴야 하는 거지?"

우리와 달리 한 프랑스인은 우리가 질에서 나온 피와 그와 관련된 것들을 대놓고 이야기하는 걸 이상하다고 여겨. 그 사람은 우리를 정신 나간 사람들로 여기는 것 같아. 생리대와 진통제를 무료로 지급하고, 생리 휴가를 확실하게 보장하고, 학교에서 생리에 대한 수업을 해야 한다고 주장하는 '스웨덴 생리 캠페인'에 나도 참여하고 있어. 그와 관련해서 나를 인터뷰하러 온 프랑스 기자가 놀랍고도 신기하다며 나한테 물었어.

"스웨덴 사람들은 생리에 대해 하루 종일 왜 그렇게 떠들썩한 건가요?"

난 물론 우리는 그렇지 않다고 대답했어. 사람들이 생리에 대해서만 종일 떠들어댄다고 생각해봐. 질문이 좀 이상하지 않니? 물론 나한테는 재미있는 이야기지만. 나는 매일 여러 관심사에 대해 이야기 해. 학교에 대해서도 말하고 먹방에 대해서도 이야기하고, 꼭 껴안고 싶은 보들보들한 아기 고양이 이야기도 해. 내가 생리 중이 아닌데 누군가 나한테 생리에 대해 하루 종일 끊임없이 이야기한다고 생각해봐. 난 아마 5분 만에 잠들고 말걸. 얼마나 지루하겠니? 우리는 그런 바보는 아니거든. 좀 자존심이 상하는 질문이었어. 그래도 난 점잖게 대답했어.

"스웨덴 전역에서 '생리 파도'가 치기 시작했어요. 사람들이 생리에 대해 관심을 갖기 시작하고 잘못된 인식이 바뀌다 보니 예전보다 자연스럽게 여성과 생리에 대해 말하게 된 거예요. 그래서 저도 생리에 대한 책을 쓰겠다고 결심했어요. 1년 전만 해도 제가 생리에 대한 책을 쓰는 건 상상도 못한 일이었어요. 제가 책을 쓰면서 가장 걱정했던 일은 제 책과 비슷한 책이 먼저 나오면 어떻게 해야 하나 하는 거였죠."

# 섬뜩하고 신기하고 이상한 역사

아주 오래 전, 사람들은 생리에 뭔가 마법 같은 힘이 있다고 믿었어. 생리혈을 몸에 바르기도 하고, 가축에 발라주기도 했어. 생리혈을 바르면 사마귀, 치질, 간질, 두통 심지어는 나병까지 낫게 할 수 있다고 생각했거든. 만약 누군가를 짝사랑하고 있다면 자기 생리혈을 그 사람의 음식이나 음료에 섞어줬어. 그 사람이 그것을 먹으면 그 사람도 당신을 사랑하게 된다고 믿었거든. 생리혈이 사랑의 묘약이 된 거지. 그뿐만이 아니야. 생리혈은 악마가 가장 싫어하는 거라고 믿었어. 악마가 공격해올 땐 생리혈을 악마 몸에 조금 묻히면 끝이라고 생각했어. 도대체 악마에게 공격당하는 상황이 상상이나 되니? 뭐, 애초에 악마와 함께 있다고 생각하는 것 자체가 이상하지만.

일부 과학자들은 고대인들이 세상을 숫자로 파악했다고 주장해.

예를 들면 생리 하는 여성들을 달이 커졌다가 줄어드는 시간과 연결을 시켰어. 생리를 월경이라고 부르는 것은 이 때문인 거야. 생리 주기가 28일인 것은 달이 커졌다 줄어드는 28일 주기랑 연관된 거라고 생각해. 달의 영향을 받아 여성의 생리 주기가 그렇게 된 거라는 신화가 있고, 반대로 여성들의 생리 주기가 달에 영향을 주었다는 신화도 있지. 또 그 시대의 주술사들은 생리혈 덩어리가 여성의 뱃속에서 뭉쳐져서 태아가 만들어진다고 믿었어. 정말 굉장한 상상력이지.

옛날에는 지금 같은 생리대가 없었어. 다양한 지역에서 다양한 방법으로 생리혈이 흘러내리는 것을 막고자 했어. 이집트에서는 부드러운 파피루스를 탐폰처럼 사용했고, 북유럽 사람들은 생리혈을 흡수하려고 다리 사이에 물이끼 같은 것을 집어넣었어. 하지만 거의 대부분은 생리혈을 그냥 흘러내리게 놔뒀어. 지금처럼 수도꼭지만 틀면 물이 나오는 것도 아니니까 씻기도 힘들었지. 마을 우물이나 강이나 냇가에서 길어 온 물은 음식을 만들고 가축을 기르는 데 써야 했고. 그러니까 위생 상태도 지금 같지 않았지. 생리혈이 다리 아래로 흘러내릴 땐 그냥 털가죽 같은 걸로 닦으면 그만이었어.

하지만 오늘날과 큰 차이점도 있어. 지금 시대에 여성은 평생 동안 400번 정도 생리를 해. 반면에 선사시대 여성들은 약 50번 정도 생리를 했다는 거야. 이건 엄청난 차이야. 오늘날 우리는 더 잘 먹어서 영양상태가 좋아졌고 그 옛날보다 훨씬 더 깨끗하고 좋은 환경에서 살아가고 있어. 연구자들은 우리 몸이 에너지 흡수량이 많아지면 에너지 배출량도 늘리려 하기 때문에 여성의 생리 횟수가 많아지게 되었다고 해. 게다가 인간의 수명이 훨씬 길어지면서 더 오랫동안 생리를 하게 되었어. 그런 이유들 때문에 우리는 생리를 더 자주 더 많이 하게 된 거야. 또 요즘은 아이를 적게 갖지만 옛날에는 많은 아이를 낳다 보니 임신과 모유 수유 기간이 길었거든. 따라서 자연스럽게 생리 횟수가 적었던 거야.

최소한 유럽의 경우는 그래. 요즘 유럽은 다른 지역에 비해 아이를 더 적게 출산하거든. 우리 인류는 생존과 번식을 위해 빠르고 지속적으로 아이를 낳아야 했어. 어떻게 보면 인구를 늘려 지구를 정복해온 거야. 요즘도 지구 인구가 늘고 있지만 유럽 등 선진국에서는 더 이상 출산을 통해 인구가 늘지는 않아.

생리와 더불어 생리통 역시 인류의 시작과 함께 존재해왔어. 옛날에는 생리 때문에 배가 아파도 말 한 마디 못 했어. 생리통 때문에 밭에서 일하거나 물을 길어오거나 아이를 키우고 밥 짓는 일을 못한다는 것은 생각조차 할 수 없었지. 아무도 몰래 뜨겁게 데운 항아리 뚜껑을 몇 분 정도 짬을 내어 배 위에 대는 게 전부였지. 그러고는 하던 일을 계속해야 했어.

## 매달 7일 동안 불결하게 만든 종교

과거에는 사람들이 일상적으로 생리혈을 더 자주 더 많이 보며 살았을 거야. 지금은 생리대를 그런대로 드러나지 않게 잘 싸서 버리니까 그 흔적을 흔히 볼 수가 없잖아. 그러니 어쩌면 과거에는 생리혈을 보는 게 아주 자연스러운 일이었을 텐데, 이상한 건 사람들이 여전히 생리를 불편하게 여겼다는 거야. 서기 23년에 플리니우스가 태어났어. (나중에 태어난 조카도 플리니우스였기에 사람들은 숙부를 '대 플리니우스'로, 조카를 '소 플리니우스'로 불렀어.)

대 플리니우스는 박물지 Naturalis Historia를 썼어.

《박물지》(博物誌, Naturalis Historia)는 기원후 79년에 사망한 로마의 해군 지휘관 '대 플리니우스'가 라틴어로 작성한 초기의 백과사전입니다. 역사상 단일 작품으로는 최대 규모이며 모든 고대 지식을 총망라한 책입니다. 박물지라는 작품의 주제는 오늘날 박물학 natural history이라고 불리는 학문보다 더 큰 범위를 담고 있습니다. 저자인 플리니우스도 스스로 그의 집필 영역을 '자연 세상 생명'으로 정의하고 있습니다. 이 작품은 37권의 책으로 구성되어 있고 천문학, 수학, 지리학, 문화기술지, 인류학, 인간생리학, 동물학, 식물학, 농업, 원예, 약리학, 광학, 조각, 회화, 보석 등의 주제를 다루고 있습니다.

고대로부터 지금까지 전해져 내려온 가장 위대한 문학이야. 37권의 책으로 이루어진 방대한 분량의 전집이지.

이 방대한 저서에 생리 이야기가 들어 있어. 박물지에는 "처참한 악취"가 나는 생리혈이 개들을 미치게 하고, 개미들은 생리혈이 묻은 옥수수 알을 피해 다녔다고 하는 구절이 나와. 이 구절에서 나는 플리니우스가 어떤 종류의 생리혈 냄새를 맡았을 지가 꽤 궁금했어. 내 생리혈 냄새는 그렇게 이상하지 않거든. 땀 때문인지 짭짜름한 냄새와 함께 뭔가 알 수 없는 냄새가 섞여 있지만 그렇게 이상하거나 악취가 나진 않거든. "처참한 악취"라는 표현은 플리니우스가 좀 많이 오버한 게 아닌가 싶어.

어쨌든 이후 역사에서 예수님은 더 나이가 먹고, 십자기에 못 박혀 돌아가신 뒤 부활하셨어. 그때부터 제자들 덕분에 전 세계로 그의 말이 퍼져 나갔지. 그 당시에 생리를 하는 여성들도 교회에 열심히 나가기 시작했어. 멋지지 않아? 그때 당시에 교회란 멋진 사람들이나 다니던 곳이었거든. 그렇지만 구약성서에는 생리 중인 여성은 7일 간 불결하다고 했어. 심지어 그녀가 앉고 눕는 모든 곳이 불결해진다고 적어놓고 있어. 그녀가 만지고 닿은 것에 몸이 닿은 사람도 불결해진다고 했고, 그녀가 있던 곳 근처에 있는 모든 사람들까지 불결해진다고 했어.

이 성경을 읽으면 당시 사람들이 살던 곳은 상당히 더러운 공동체이지 않았을까 싶어. 그 당시에도 얼마나 많은 여자들이 생리를 했겠어. 생리를 하는 동안 어떻게 아무것도 안 건드릴 수 있겠어.

내가 만약 그 옛날 초창기 기독교가 복음을 전파하고 있을 때 살았다면 아무 일도 하지 않고 가만히 서 있어야만 했을 거야. 다른 사람을 더럽히지 않으려고 무지하게 신경 쓰며 지내야 했겠지. 말이 돼? 생리가 불결하다고 생각하는 건 정말 안타까운 일이야. 내가 원해서 생리를 하는 것도 아니고, 생리를 해야 하나님의 자녀를 낳을 수 있게 되는데 말이야!

이 성경 구절을 지금도 믿는다면 우리 삶은 어떻게 될까? 생리 중에는 회사나 학교에 아예 못 가겠지. 내가 사는 스톡홀름에는 백만 명의 사람들이 살아. 계산해보면 스톡홀름에서만 매일 약 8만 6천 명이 생리를 해. 그러니 지하철에는 얼마나 많은 좌석이 불결해지겠어. 또 손잡이는 어떻고. 옷가게에는 불결한 옷들로 가득할 것이고, 슈퍼마켓 바구니 역시 모두 불결해질 거야. 공중화장실은 너무나도 불결해져서 아마 악마의 집으로 여겨질 거야. 또 생리를 하지 않는 많은 사람들까지 불결해지겠지.

기독교는 여러 종파로 나뉘어 있어. 가톨릭 교회(구교)는 늘 프로테스탄트 교회(신교)보다 엄격해. 프로테스탄트 교회는 생리하는 여성에 대해 특별한 비난이나 금지를 가한 적은 없어. 왜냐하면 로마 가톨릭 교회의 부패에 맞서 싸운 종교개혁가이자 프로테스탄트 교회의 선각자인 마틴 루터는 생리를 인간이 겪는 생물학적 현상이라고 생각했기 때문이야. 생리가 인간에게 나타나는 자연스러운 현상이라고 생각한 거야. 그러니 생리를 금기시 하는 건 적절하지 않다고 생각했지. 그래서 프로테스탄트 교회는 생리에 대한 가톨릭 교회의 금기를 공식적으로는 결코 지지하지 않았어. 하지만 구약성서에 기록된 '생리 중인 여성은 불결하다'는 구절에서 영향을 받은 건 확실해. 대놓고 생리가 불결하다고 말하지는 않지만 속으로는 찝찝해 하는 그런 상태인 거지.

너희들이 보다시피 나는 생리가 아주 자연스러운 것이라고 여기저기 떠들고 다니잖아. 그런 내가 탐폰을 갈러 화장실에 갈 때 왠지 부끄러운 마음에 탐폰을 숨겨서 조심스럽게 가는 태도와 프로테스탄트 교회의 태도가 비슷하다고 생각하면 될 거 같아. 1600~1700년대 프로테스탄트 교회는 생리가 아주 자연스러운 것이라고 말했어. 그럼에도 그 당시 사람들은 마음속으로까지 자연스럽다고 확신하지 못 했던 것 같아.

# 과학적인 생리 탄압

1800년대에 들어서면서 사람들은 성경보다 과학적 지식을 더 신뢰하기 시작했어. 그때 사람들은 여자와 남자를 구분하는 것을 매우 중요하게 생각했어. 생리는 남녀를 구분하는 가장 큰 차이지. 그런데 그냥 구분만 하려고 한 건 아니야. 남녀를 나눈 뒤에 차별을 두었어. 예를 들어 자궁을 가진 사람들은 교육을 받을 수 없었어. 여성은 고작 핏덩어리 아이를 낳는 데 써야 하는 피를 만들어 분출하는 사람이니까 고급 학문을 위한 뇌를 가질 필요는 없다고 본 거지. 그 당시 사람들은 생리하는 여자와 잠자리를 가진 남자는 성병에 걸린다고 믿었대.

1800년대 후반과 1900년대 초에 걸쳐 살았던 유명한 정신과 의사가 있었어. 바로 지그문트 프로이트야. 그는 오늘날까지도 세상에서 가장 유명한 심리학자야. 그는 당시로서는 아주 획기적인 여

시들
시들
벨라 쉬크
흠… 식물이
다 죽어가네요.
여성의 생리로 인한
'월경독성물'이 원인이에요.

성관을 가지고 있었어. 생리는 "여성이 남성의 생식기를 갖지 못해서 생기는 결핍을 보여주는 피로 된 상징물"이라고 했어. 다른 말로 하면 남성의 생식기만이 정상적인 것이고, 여성의 생식기는 기형적이며 잘못 만들어진 것이라는 말이야. 그의 의견에 따르면 여성의 상징인 생리는 "불결함과 하등함"을 뜻해. 이미 눈치 챘겠지만 1800년대 과학은 권력을 가진 상위 계급만을 위한 것이었어.

1900년대 들어서면서 생리에 대한 학자들의 견해가 조금 진보했어. 그러나 여전히 생리는 불결하고 위험한 것이라는 인식을 가진 학자들이 많았지. 1920년대에 헝가리 과학자 벨라 쉬크는 '메노톡신'이라고 그가 이름 지은 '월경독성물'이 있다고 주장했어. 이 성분은 생리를 하는 여성의 피부 밖으로 배출되는데, 피자나 빵을 만들기 위한 반죽인 도우와 맥주가 발효되는 것을 막고 식물도 죽인다고 주장했어. 난 내가 화분에 물주는 걸 매번 까먹어서 식물이 죽는 줄 알았는데 말이야. 벨라 쉬크의 주장에 따르면 내 생리가 식물을 죽였다는 거잖아. 이런 시크! 정말 그렇다면 우리 집 화분을 살리기 위해서 나는 당장 생리를 중단하겠어!

# 생리가 가진 악마적인 힘?

어떤 종교들은 오늘날까지도 생리가 불결하다고 믿어. 이슬람과 유대교, 힌두교. 이 종교들은 생리를 하는 여성은 물건과 음식을 만지지 못하게 해. 당연히 남자와 잠자리를 같이 해도 안 되고, 예배당이나 사원 신전에 가는 것도 금지해.

네팔에는 '차우파디'라고 부르는 아주 오랜 전통이 있어. 차우파디는 생리를 하는 사람은 불결하기 때문에 마을에서 외떨어진 곳에 지은 움막 같은 곳에서 지내야 하는 힌두교 관습이야. 여자들은 생리가 끝날 때까지 마을에서 떨어진 곳에서 따로 지내야 하는 거야. 네팔의 적막하고 가난한 산 중턱 마을에서 동물보다 못한 대우를 받으며 사는 생리하는 여자의 처지를 생각해보면 가슴이 저려와. 요즘도 그러냐고? 네팔에서 차우파디가 법으로 금지된 건 불과 몇 년이 안 되었어. 그리고 이 전통이 워낙 오랫동안 네팔 사람들의 의식에 깊이 뿌리박혀 있어서 많은 마을에서 지금도 소녀와 여성들이 생리가 끝날 때까지 집을 떠나 지내고 있대.

개인적으로는 혼자 지내는 것이 좋을지 모르지만 이건 문화와 종교적인 이유로 일어나는 일이야. 사회적인 문제라고 할 수 있어. 가족 중에 몇 사람이 매달 밖에서 일주일을 지내야 한다고 생각해 봐. 단리 생리를 한다는 이유로 집에서 추방된다는 게 말이 되니? 마을에서 추방되어 지내는 동안 여성들은 추위와 배고픔 때문에 혹은 뱀에 물려 죽기도 한대. 정말 화나고 무서운 일이야. 산속이나 벌판에서 천막을 치고 춥고 어두운 밤을 지내야 하는 소녀들을 생각하면 눈물이 나와.

아프리카에서는 여학생들이 학교를 그만두는 가장 흔한 이유가 생리 때문이라고 해. 많은 여학생이 생리대를 살 돈이 없어서 학교에 가지 못한대. 다리 사이로 피를 흘리면서 학교에 갈 수는 없잖아. 이렇게 매달 일주일씩 학교를 빠지게 되면 진도를 따라잡을 수가 없거든. 결국 생리 때문에 학교를 그만두게 되는 거지. 학교에 가도 문제야. 생리에 대한 교육을 하지 않아서 생리가 뭔지도 잘 모르고, 첫 생리를 하는 학생들은 아프거나 곧 죽게 될지도 모른다고 걱정을 많이 한다고 해.

인도에서는 여성조차도 10명 중에 7명이 생리를 시작하기 전까지 생리에 대해서 들어본 적도 없대. 이란에서는 여자아이들 2명 중에 1명이 생리를 병이라고 알고 있대. 그렇다고 그 여자아이들을 탓할 수는 없어. 피가 좋은 것이라고 생각하는 문화가 세상에 얼마나 되겠어.

방글라데시, 중국, 대만과 여러 아시아 나라들에는 수천 명의 노동자가 일하는 엄청난 규모의 공장들이 있어. 이곳 노동자들은 우리 스웨덴의 하루 8시간 노동이라는 기본 노동 시간보다 훨씬 오래 일해야 해. 휴식시간도 없이 말이야. 생리를 할 때에도 휴가는 물론이고 휴식 시간도 없어. 생리대가 없어서 생리혈이 새지 않도록 하려고 양말, 신문지, 지점토 등 온갖 것들을 다 사용한다고 해. 그러다 감염되어 병에 걸리게 되는 경우가 자주 있대.

파푸아뉴기니에는 '매은가' 부족이 있는데, 이들은 생리혈이나 생리하는 여자를 만지게 되면 만진 사람의 피가 검정색으로 변하고 그의 지능이 급속히 감퇴해버려서 천천히 죽어간다고 믿고 있어. 스웨덴 사람과 파푸아뉴기니 사람의 생리는 아무런 차이가 없잖아. 그동안 살아오면서 내가 생리할 때 접촉한 남자들이 있지만 100퍼센트 죽지 않고 다들 잘 살고 있어. 그 중 한 명이 지금 감기를 앓고 있다고 페이스북에서 봤지만, 안 만난 지 꽤 된 남자야. 그 감기가 내 생리 때문이 아닌 것은 확실해.

스웨덴에서 아주 멀리 떨어진 곳들에서만 생리를 이렇듯 요상하게 받아들이는 건 아니야. 프랑스와 스페인 같은 나라들에서도 비슷한 생각을 하는 사람들이 있어. 생리를 하는 사람은 와인 창고나 아름다운 정원에 들어가지 못하게 하는 곳이 있거든. 왜냐하면 와인의 신맛이 강해지고 꽃을 죽인다고 믿기 때문이야.

# 터부! 신성하거나, 불결하거나!

생리는 지금도 세상 곳곳에서 터부 시 되고 있어. 말을 꺼내어서는 안 된다고 생각하지. 스웨덴뿐 아니라 거의 모든 나라 여성들은 탐폰을 가방에서 꺼내다가 떨어뜨렸을 때 부끄러워할 거야. 미국이나 유럽처럼 개방적인 문화 속에 사는 사람들도 생리에 대해서는 터부시 해. 여전히 생리를 불결하거나 무섭거나 신성한 것이라고 생각하지. 그런데 터부는 사실 별것 아닌 거에 굉장히 격렬하게 반응하는 거거든.

생리에 대해서는 지역과 언어와 문화가 달라도 모든 사람들이 터부시하고 있어. 그것도 다른 터부와 다르게 훨씬 더 격렬하게 말이야. 트로이 왕자 파리스가 스파르타 왕비 헬레나를 납치했을 때,

터부taboo는 신성하게 생각하거나 부정해서 가까이 하면 안 되는 것을 말합니다. 사물이나 장소, 행위, 인격, 언어 등에 대해 접촉하거나 이야기하는 것을 금하고 꺼리며 만약 이를 위반하면 하늘이나 자연 혹은 신으로부터 벌을 받게 된다고 여깁니다. 이슬람교를 믿는 사람들이 돼지고기를 먹지 않고, 한국에서 시험 볼 때 미역국을 먹지 않는 것도 터부입니다. <두산백과>(http://www.doopedia.co.kr) 참조.

스파르타 왕 메넬라오스가 트로이를 침략해서 파리스를 죽이고 그의 모든 혈족을 전멸시킨 것처럼 격렬하게 반응하는 거 같아. 나도 생리전증후군 증상을 겪을 때 틀림없이 무슨 마법이 펼쳐지는 거라고 생각했어. 지금 떠오른 재미있는 사실이 있어. 터부라는 말은 폴리네시아[♦] 언어인 '타푸'[♦♦]에서 나왔는데, 타푸의 뜻은 말 그대로 '신성한'과 '생리'야.

♦ 폴리네시아는 오세아니아 대륙 동쪽 해역에 있는 수천 개의 섬들 전체를 부르는 말입니다. 우리가 많이 알고 있는 뉴질랜드, 하와이, 통가, 사모아 등 섬들이 폴리네시아에 속합니다. 태평양에 넓게 분포하고 있는 섬들인데도 이 섬들에 사는 사람들인 폴리네시아 사람들은 비슷한 문화를 가지고 있습니다. 많은 인류학자들이 폴리네시아 사람들을 대상으로 연구를 진행하고 있습니다. <두산백과>(http://www.doopedia.co.kr) 참조.

♦♦ 폴리네시아의 추장은 부족 사람들에게 무엇인가를 하지 말라는 금지령을 내리면서 권위를 갖게 됩니다. 추장이 내리는 금지령을 '타푸tapu'라고 부릅니다. 이 타푸는 추장의 보이지 않는 마력인 '마나'에서 생겨난 것입니다. 여러분이 게임에서 자주 접하는 마나는 폴리네시아에서 나온 말입니다. 터부taboo란 말도 타푸tapu에서 나온 말입니다. <두산백과>(http://www.doopedia.co.kr) 참조.

## 생리대의 탄생

1900년대 초에 서양에서는 사람들이 모두 대도시로 모여들었어. 시골을 떠나 점점 더 많은 사람들이 도시로 이주해 와서 도시 인구가 엄청나게 늘었어. 그러다 보니 여성들이 길에 생리혈을 흘리며 다니도록 놔둘 수가 없었어. 그래서 우리가 아는 생리대가 생기게 된 거야. 미국에서는 1929년에 처음 탐폰이 나왔어. 그때는 탐폰이라고 하지 않았대. '공공위생장치'라고 했다나. 뭐 '공공 도로에서 피 흘리지 마라' 정도의 뜻 같아. 어떻게든 사람들이 생리라는 말을 떠올리지 않도록 조심해서 이름을 지은 게 분명해. 아마 그때는 사람들이 탐폰을 보고는 그랬을 것 같아. "그건 뭐하는 데 쓰는 거야?" "싱크대 닦는 쑤세미인가?"(농담이야~~^^)

탐폰은 지금도 90년 전과 비슷한 디자인으로 나오고 있어. 촌스러운 것 같지만 그 아이디어는 지금도 유효해. 신기한 일이지. 탐폰을

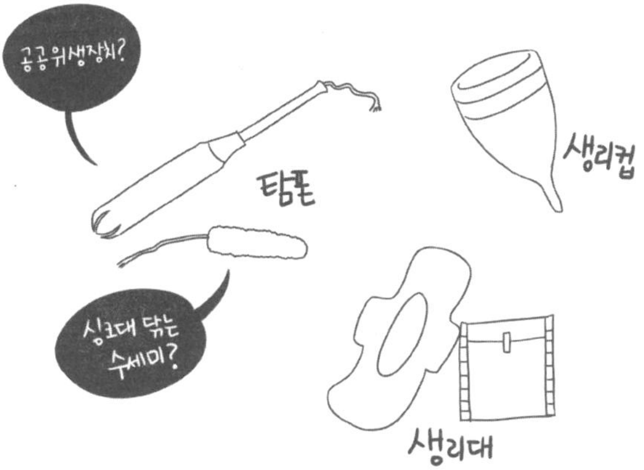


사용할 때 유의사항은 지금이나 1900년대나 똑같아. 탐폰을 질 안에 넣을 때 성기를 손으로 만지는 건 절대 안 된다는 규칙이지. 그래서 손을 안 대고 탐폰을 질 안으로 삽입할 수 있도록 탐폰에 붙은 작은 플라스틱 장치인 어플리케이터를 만들어낸 거야.

생리컵은 1930년대 후반에 나왔어. 그렇지만 아주 널리 알려지지는 못했지. 생리컵은 접어서 여성의 질 안으로 집어넣어야 해서 인기를 끌지 못했던 거 같아. 사람들이 탐폰보다 생리컵이 더 지저분하고 불결하다고 생각했나 봐. 지금까지도 여전히 많은 사람들이 그렇게 생각하는 거 같아.

1920년대에는 생리를 처음 하는 사람들에게 나눠주는 작은 패키지가 있었어. 이 패키지에는 몇 가지 종류의 생리대와 각각의 사용법과 생리에 대한 정보를 담은 소책자도 들어있었지. 엄마들은 생리에 대해 직접 말하는 걸 어려워해서 이 패키지를 딸에게 건네며 조심스럽게 말했어.

“이제 너도 생리를 시작할 텐데, 두려워할 필요는 없단다. 매달 생리를 하게 될 거야. 계속해서.”

이 말을 들으면 생리가 마치 매달 하는 아주 재미있는 놀이 같지 않니? 이때부터 생리대는 크리스마스도 생일도 아닌데 엄마가 딸에게 주는 선물이 되었어. 이제는 여성들이 꼭 사야 하는 필수품이 되었지만.

스웨덴에서는 1940년대부터 일회용 생리대가 판매되기 시작했어. 이 생리대는 팬티에 고정시킬 수 있었지. 그리고 그때, ‘버자이너(질)’라는 단어를 입 밖으로 소리 내어 발음하는 장면이 나오는 최초의 영화가 만들어졌어. 그 영화가 바로 디즈니에서 제작한 〈생리 이야기〉야. 교육용으로 만들었고 지금도 유튜브 등에서 찾아볼 수 있어. 뭐 1940년대 아이들처럼 모여 앉아 생리를 배우고 싶은 사람이 있다면 찾아봐도 좋을 거야. 약 20년 정도 후에 스웨덴 사람이 생리대 뒷면에 찍찍이를 붙여서 팬티에 고정하는 아이디어를 냈어. 스웨덴, 좀 멋지지 않니?

## 4장

# 생리가 수치스럽다고?

생리가 없다면 우리 후손도 없어.

생리가 없다면, 건강한 몸도 없어.

딱히 뭘 한 것도 없는데, 아무 노력도 안 했는데도

생리가 시작되면 이렇게 생각하면 돼.

"너는 진짜 잘하고 있는 거야!"

생리는 몸이 우리에게 보내는 칭찬이야.

# 우린 왜 생리가 부끄러운 걸까?

우리는 모두 생리를 부끄러워해. 부끄러워할 필요가 없다는 걸 알아도 계속 부끄러워하지. 자궁을 가진 모든 사람은 자신이 생리를 하는 걸 다른 사람이 몰랐으면 해. 남자들도 생리는 부끄러운 것이라고 생각해. 난 생리에 대한 영상을 찍어서 유튜브에 올려왔어. 이렇게 대놓고 생리에 대해 떠들어대는 나이지만, 밖에 나갔다가 생리혈이 바지 밖으로 새어나오는 일이 생긴다면 나는 죽어버리고 싶을 거 같아. 난 이사를 하고, 직장을 옮기고, 새 친구들을 사귀고, 올려놓은 동영상을 삭제하고 유튜브 계정을 없애야 할 거야. 그래도 창피한 마음이 심해지면 죽어버릴지도 몰라. 누군가 내 비석에 "그녀는 적어도 임신은 하지 않았네."라고 써줄 수도 있겠지. 농담이야!

유튜브에서 나만의 생리 이야기를 시작했을 때, 난 왠지 챔피언이라도 된 것 같은 기분이었어. 자궁 보유자 세계의 '잔 다르크' 정도 된 기분. 나는 열 살에서 스무 살 정도 나이의 구독자를 보유한 '생리 성인Saint'이라고 불려도 좋을 거 같아. 방송을 하다 보니 생리를 주제로 한 유튜브 동영상 몇 편을 찍는 걸로는 성이 차지 않았어. 내 실제 삶에서도 생리는 부끄러워하고 숨겨야 할 일이 아니라는 걸 사람들에게 말해주고 싶더라고. 그래서 일부러 생리를 안 할 때도 한 손에 탐폰을 당당하게 들고 화장실로 가고 그랬어.

사람들이 부끄러워하지 않는 것들 : 잘난 척하기, 화장실에 가야 한다고 말하기, 코피 흘리기, 상처에 반창고 붙이기

사람들이 부끄러워하는 것들 : 생리, 생리대 갈아야 한다고 말하기, 생리혈이 생리대 밖으로 새어나오는 것, 탐폰이나 생리컵 착용하기

나는 생리를 막 시작해서 작고 따뜻한 생리혈 몇 방울이 팬티에 적셔지는 게 느껴지면, 시간 장소 상황에 관계없이 아주 자연스럽게 말했어. "악! 생리다. 가까운 화장실이 어디 있어?" 시내에서 돌아다닐 때도 생리통이 느껴지면 "내 자궁이 아파!" 하고 소리 높여 말했지. 만약 열세 살, 이제 막 생리를 시작한 '생리-클라라'가 이런 어른을 본다면 어떻게 반응했을까? 모르긴 몰라도 동공 지진이 일어난 상태로 하얗게 질려 조용히 서 있을 거 같아. 마치 끔찍한 사고 현장을 목격한 것처럼 몸이 굳어서. 사방에 피가 낭자하고 사람

들이 울부짖는, 무섭지만 뚫어져라 바라볼 수밖에 없는, 그런 끔찍한 사고 현장을. 사실 나나 너희나 이런 경험은 평생 안하는 게 좋아. 나도 이런 현장을 목격한 적이 없거든. 앞으로도 계속 없길 바라. 어쨌든 내가 어떻게 반응해야 할 지 모를 때, 그렇게 꼼짝도 하지 못할 거라는 말이야.

열세 살의 나는 인터넷 영상으로 수많은 사람들에게 생리에 대해 이야기하는 지금 내 모습을 보면 어떻게 생각할까? 생리를 막 시작한 열세 살 생리-클라라는 생리를 꽤 힘든 것이라고 생각했어. 우선 성기가 매우 뜨겁게 느껴지고 땀까지 차서 힘들었으니까. 생리를 하는 한 주 동안 내가 생리한다는 사실을 숨겨야 하는 것도 힘든 일이었지. 그때 내가 느꼈던 감정이 수치심은 아니었어. 생리에 대해 일종의 신비감을 느꼈어. 아주 비밀스러운 의식에 참여한 느낌이랄까. 4시간에서 6시간마다 화장실 안에서 신성한 의식을 행한다고 생각했어.

하지만 시간이 지나 문득문득 다시 그때를 떠올려보면 솔직히 수치심을 느낀 게 맞는 것 같아. 창피했거든. 생리를 둘러싼 내 감정은 '커다란 구름 속에 숨은 수치심'이었어. 하지만 그건 의식적으로 느낀 것이라기보다는 내 깊은 잠재의식 속에 숨어 있던 감정이었던 거 같아. 무엇 때문에 그런 수치심을 느꼈는지 궁금했어. 그리고 어디서부터 수치심이 나오게 되었는지 진지하게 고민하기 시작했지.

# 아무렇지 않게 생리에 대해서 말하기

자궁 보유자들은 나이가 들면 생리에 대해 어렸을 때만큼 부끄러워하지 않아. 그래도 많은 사람들은 예전의 나처럼 생각할 거야. "생리는 창피하니까 숨겨야 해." 그렇지만 스무 살이 되고 서른 살이 되고 마흔 살이 되면 말이야, 생리에 익숙해지거든. 아주 일상적인 것이 돼. 밥 먹고 잠을 자는 것처럼. 생리를 숨기는 쪽이 당장은 편할 수도 있지만, 어차피 생리는 매달 그냥 하는 거잖아. 이게 사실인데도 마음으로 인정하고 말로 표현하긴 어려워.

갑자기 찾아온 생리가 삶의 자연스러운 한 부분이 되기까지 수년은 걸려. 나도 열여섯 살이 되기까지는 생리를 부끄럽게 생각했거든. 생리에 대해서는 말도 못 꺼냈어. 당연히 듣는 것도 힘들었지. 그런데 그 일을 겪은 뒤로 나는 완전히 바뀌었어. 열여섯 살이었고 학교 자유 체육 시간이었지. 생리통으로 배가 너무 아파서 친구들에게 진통제가 있는지 물어봤어. 마침 한 친구가 대답을 했어. "어, 나 있어. 머리 아파?" 난 사실대로 "아니 배가 아파." 하고 말했어. 그러자 그녀는 알겠다는 눈빛으로, 살짝 웃으며 내게 말했어. "아, 생리통?" 난 완전 패닉 상태가 되었지. 세 가지 생각이 한 번에 들었어. 우선 "어떻게 알았지?" 두 번째로는 "어떻게 저런 말을 대놓고 하지?" 세 번째로는 "아, 다 끝났어. 다른 친구들도 다 들었을 거 아냐!" 하는 생각. "아, 생리통?" 이 한 마디에 머리가 멍해지더라고. 무슨 일이 일어났는지 파악하고 대책을 찾아야 했는데 눈은 초점을 잃었고 입에선 아무 말도 나오지 않았어. 그냥 우두커니 멈춰서 있었지.

'자유' 체육 활동 시간에, 친구 입에서 '생리'라는 말이 나오는 순간 난 '자유'를 잃어버렸어. 신경 세포들이 다 끊어진 줄 알았다니까. 뇌는 이미 전원이 꺼졌고. 난 그렇게 몇 초간 가만히 서 있었던 거야. 조금 지나자 몸이 다시 움직여졌어. 아니 움직여야만 했어. 난 알아들을 수 없는 말을 중얼거리며 친구에게 진통제를 받아서 물도 없이 알약을 삼켜버렸어. 그러고는 체육관 트랙을 달렸어. 약 때문인지 부끄러워서인지는 잘 모르겠지만 배 아픈 건 이미 잊어버렸거든.

이 사건 때문에 생긴 혼란이 멈춘 것은 며칠이 지나고 나서야. 나는 확실하게 두 가지 방향으로 생각을 정리했어. 첫째는 "생리에 대해 저렇게 말해도 괜찮겠구나!" 하는 생각. 생리통에 대한 대화가 저렇게 일상적일 수 있다는 걸 처음 알게 된 거야. 마치 "너 커피에 우유타니?" 하고 물어보듯 말이야. 또 하나는 "나도 저렇게 생리에 대해 말해도 될까?" 하는 생각이었어.

"아, 생리통?" 하고 말한 친구는 나랑 같은 학년이고 생리 나이도 비슷해 보였어. 그런데 그 친구가 나보다 훨씬 더 어른스러워 보였지. 생리에 대해서도 나보다 훨씬 더 성숙하게 대처하는 것 같았거든. 사실 그 애가 조금 부러웠어. 그 애가 나보다 생리에 대해 자유로워 보이는 이유가 뭔지 궁금해졌어. 그 애는 고텐버그 시내에 살고 있어서일까? 나는 시내에서 한 시간 넘게 걸리는 타훌트에 살았거든. 이건 자유로운 뉴욕과 조금은 보수적인 시골 마을의 차이라고 보면 돼. 그래서였을까? 나도 그 아이처럼 시도해보기로 결심했어. 촌스럽게 보이기 싫었거든.

다음 날부터 나는 학교에서 친구들에게 생리통에 대해 물어볼 기회를 호시탐탐 노렸어. 그 질문을 했을 때 친구들이 어떻게 느낄지, 또 반응은 어떨지 너무 궁금했어. 너희도 그렇지? 나만 궁금했나? 그리고 드디어 누군가 내게 기회를 줬어.

한 친구가 나한테 진통제가 없는지 물어보더라고. 속으로 '앗싸' 소리를 질렀지. 하지만 난 최대한 아무렇지 않은 듯 물어봤어. "생리통?" 그런데 이 친구는 나처럼 당황하지 않더라고. 바로 경멸의 눈빛으로 나를 쏘아보더니 싸늘한 목소리 말했어. "아니!" 이번에도 두 가지 생각이 들더군. 첫 번째는 "이런 제길, 나는 이제 친구들한테 매장 당하겠군." 두 번째는 "이런 제길, 이게 뭔지 알았어. 유레카!" 풀어보자면, 하나는 '아! 이런 질문은 직접적으로 하는 게 아니구나.' 나도 그 비밀스러운(?) 생리를 하고 있으니까 하는 생각이었고, 또 하나는 네가 생리통이 있다고 내게 대놓고 말해도 충분히 이해할 수 있다고 말하고 싶었지만 참아야 하는 상황이었다는 생각이야.

유레카eureka "바로 이거야!" "알았어!"라는 말입니다. 고대 그리스의 수학자이며 물리학자였던 아르키메데스는 그리스 왕의 명령을 받습니다. 왕관에 순금이 얼마나 들어있는지 알아내라는 명령입니다. 한참을 고민했지만 결국 답을 얻기 어려웠습니다. 그러던 어느 날 목욕을 하던 아르키메데스는 순금의 양을 알아낼 방법을 찾아냈습니다. 그 기쁨에 '유레카'라고 크게 외치며 벌거벗은 채로 거리를 뛰어다녔다고 합니다. 유레카가 무슨 뜻인지는 아무도 몰랐다고 하네요. 이때부터 어려운 문제를 풀었을 때나 뭔가를 알게 되었을 때 사람들은 '유레카!' 하고 외쳤습니다.

## 그냥 클라라, '생리-클라라' 되는 방법

그로부터 2년쯤 지나서였지. 2012년 9월, 나는 유튜브에 동영상 하나를 올렸어. "클라라가 일단 사용해보겠습니다 : 생리 배게?"라는 제목으로. 4분 정도의 동영상이었어. 정확히 1분 45초 동안 통밀 베개를 배 위에 올려봤어. 정말 생리통이 완화되는지 알고 싶었거든. 그냥 간단한 생리 베게 사용 리뷰였어. 그날은 내가 처음으로 유튜브에 생리를 주제로 이야기한 날이기도 했어. 그리고 하루가 지나기도 전에 내 동영상에는 댓글 폭탄이 터졌어. 유튜브 스타가 되는 줄 알았다니까.

댓글을 자세히 살펴봤더니 3가지 유형이 있더라고. 첫 번째 유형은 "으윽, 생리!", 두 번째 유형은 "오! 생리!", 세 번째 유형은 "클라라, 통밀 베게가 최고야, 아직도 몰랐니? 너 바보냐?" 이 정도 되면 너희는 이런 생각을 했을 거야. '첫날 조회 수랑 댓글 수가 최고였는데, 모든 댓글이 생리에 대한 거라는 말이지. 흠, 앞으로는 생리로 가야겠군!' 물론 나도 그렇게 생각했어. "첫날 조회 수도, 댓글 수도 최고치를 기록했어! 와! 조회 수가 많지 않으면 광고 수입도 없으니까, 정말 생리에 대해 더 많은 이야기를 해야겠어. 카칭♦!"

그날 심각하게 유튜브 광고 수익으로 먹고 살아볼까 하는 생각도 했어. 갑자기 기분이 너무 좋아지는 거야. 너무 이상하게 듣진 마. 곧 알았거든. 2012년 스웨덴에서는 이름이 퓨디파이♦(PewDiePie)가 아니고서는 유튜브로 돈 버는 게 불가능하다는 것을…. 사실 내 인기는 첫날 폭발해버렸어. 그래서 생리전증후군이랑은 아무 관계없는 '생리 거만증'이 생겼지. 갑자기 생리가 별거 아니라는 생각이 들더라고. 나는 생리에 대해 본격적으로 이야기한 동영상을 하나 더 제작했어. 첫날과 똑같이 엄청난 조회 수와 댓글 수를 기록했어. 사람들은 내가 생리에 대해 말할 때마다 격렬한 반응을 보였어. "어쩌다가 생리에 대해 말하는 영상을 만들 생각을 했냐? 그냥 닥치고 부엌에서 일이나 해!" 이런 경멸 섞인 댓글도 많았어. 하지만 "멋진데! 앞으로 생리에 대해 더 알고 싶어." "친구~! 기대할게." 내 또래 젊은 여성들은 이런 따뜻한 격려 댓글을 많이 남겨주었어.

생리 동영상 두 개로 난 소셜 미디어에서 "생리-클라라"가 되었어. 단 두 개로 말이야. 그 전에 80여 편의 동영상을 찍어서 올렸는

♦ 카칭은 스웨덴에서 사용하는 감탄사입니다. 원래는 가게에서 돈을 보관하는 현금등록기를 열 때 나는 소리를 뜻하는 의성어인데 돈을 번다는 뜻으로 흔히 사용됩니다.

♦ 퓨디파이는 스웨덴 유튜브 계정 사용자로 2013년 이후 전 세계 조회 수 및 구독자 수 1등을 하는 사람입니다. 주로 유튜브에 비디오 게임 사용 후기를 올립니다. 인기 없던 게임도 퓨디파이가 소개하면 판매량이 급증한다고 합니다.

데도 아무 반응이 없던 내 유튜브 채널이 갑자기 시끌벅적한 시장통이 된 거야.

그러더니 사람들이 날 이렇게 불렀어. "아, 그 생리에 대해 끊임없이 떠들어대는 여자 아이!" 이 말은 나를 취재하러 왔던 그 프랑스 기자도 똑같이 했어. 그런데 참 이상하지? 생리에 대해서 공개적으로 아주 조금 이야기했을 뿐인데, 갑자기 내가 죽자고 생리 이야기만 해대는 여자가 된 거야. 이런 오해는 생리 이야기를 할 때만 생기는 건 아니야. 이것도 내 경험이야.

2014년 내가 스웨덴 최고 웹방송인 '유로비전 송 콘테스트' 사회를 맡았을 때였어. 쉬는 시간에 무대 뒤에서 이런 말을 했어. "사실 난 유로비전 송 콘테스트에 온 게 처음이야. 아이고, 팬티에 오줌이 찔끔 묻은 것 같아." 당연히 농담으로 한 말이지. 옆 사람들이 웃을 줄 알았거든. 결론은? '스웨덴 최고 인기 방송 + 젊은 루키 + 긴장 = 팬티에 오줌 지려.' 결국 이렇게 이미지가 남았어. '흥분해서 팬티에 실례한 애!'라니.

오줌은 정말 농담이라니까! 그냥 웃으라고! 그리고 반 년이 지나 내 이름을 검색해 봤어. 설마 자기 이름으로 검색하는 사람이 어디 있냐고? 있어! 너희도 다 하잖아. 자기 이름으로 검색하는 것도 생리랑 비슷한가? 해보긴 하지만 드러내지 않으니까. 어쨌든 플래쉬백 포럼[♦]에서 나에 대한 코멘트를 꽤 많이 찾을 수 있었어. 거기에서 나는 생리와 오줌에 대해서만 이야기하는 아주 구역질나는 여자아이였

♦ 플래쉬백 포럼은 스웨덴의 문화, 사회, 예술 전반에 걸쳐서 사람들이 다양한 의견을 나누는 커뮤니티 웹사이트입니다.

어. 난 바로 소리를 질렀어. "뭐? 오줌 이야기는 딱 한 번 했잖아. 그것도 농담으로. 유머 몰라? 아, 이거 너무하네. 플래쉬백! 너희는 보석에 관해서 정말 재미없는 농담 많이 하잖아. 왜 그건 아무도 뭐라고 안 하냐고!"

생리에 대한 동영상 딱 두 개 올렸을 뿐인데. 사람들은 '나'를 '생리'로 보더라고. 대부분의 사람들은 생리를 대놓고 이야기하는 걸 좋아하지 않잖아. 생리 베개가 정말 효과가 있는지에 대해 사람들에게 알려주려고 제작한 동영상일 뿐이었어. 그리고 인기가 너무 좋아서 한 번 더 올렸을 뿐인데, '나'는 '생리'와 동의어가 되어버렸어! 시간이 갈수록 사람들의 오해는 더 커졌어. 댓글에 이런 말이 달리더군. "생리-클라라는 생리 하는 걸 너무너무 좋아하는 것 같아. 좀 즐기고 있는 것 같지 않니?" 그런데 사실 이건 오해가 아니야. 시간이 지난 지금은 생리에 대해 더 깊은 애정이 생겼거든. 내부 출혈을 매달 이겨낸다고 생각해봐. 아주 멋진 일이잖아.

가끔 생리통이 너무 심할 때도 물론 긍정적으로 생각하려고 해. 불후의 낙천주의자가 된 거야. 아랫배가 쥐어짜는 것처럼 아플 때도 중간 중간 긍정적인 생각을 꽤 하는 편이야. "야호, 내 몸이 잘 작동하고 있군!" "오! 원하지 않는 임신을 하지 않았군!" "내가 생리를 하면서 느끼는 것과 내가 생리에 대해 생각하는 건 완전히 다르군!"

생리에서 느끼는 건 이런 것들이야. 아프고, 찝찝하고, 내 자신이 지저분한 것 같고. 그런 게 생리야. 그래도 생리가 없다면 우리 후손도 없어. 생리가 없다면, 건강한 몸도 없어. 딱히 뭘 한 것도 없는데, 아무 노력도 안 했는데도 생리가 시작되면 이렇게 생각하면 돼. "너는 진짜 잘하고 있는 거야!" 생리는 몸이 우리에게 보내는 칭찬이야. 그럼 우리도 고래처럼 춤춰야 하나? 칭찬은 고래도 춤추게 한다잖아! 역시 난 농담을 하면 안 되는 걸까?

리브 스트룀키스트는 만화도 그리고 라디오 진행도 하는 페미니즘 예술가야. 그녀가 언제가 생리에 대해 아주 재치 있는 말을 한 적이 있어. "생리는 월경이라고 불러. 달의 주기와 같거든. 바다의 수위도 달이 커지고 작아지는 것에 따라 달라지거든. 생리는 사계절처럼 순환해. 그리고 세상에서 가장 부끄러운 순환 시스템이야." 맞는 말이다. '달 : 부끄럽지 않다.' '조류: 부끄럽지 않다.' '사계절 : 부끄럽지 않다. 아니야! 사계절은 부끄러울 수도 있어. 스웨덴에서는 1년 중 8개월이 겨울이니까.' '생리 : 엄청 부끄럽다! 감춰야 하고, 말 하면 안 되고, 안 하는 척 해야 하고…' 생리에 대해서 말하는 것은 머글 세계에서 볼드모트에 대해 이야기하는 것과 같아. '생리'를 '누구 말하는지 알지?'로 바꿔 불러볼까? '생리가 끝났다'는 말은 '고통이 끝났다'로 바꿔볼까?

소설 《해리 포터》 시리즈의 마법 세계에서 머글은 인간을 뜻합니다. 볼드모트는 인간을 없애고 세상을 지배하려는 악한 마법사입니다. 볼드모트와 싸우는 해리 포터와 그의 친구들은 볼드모트를 대놓고 말하지 못합니다. 그 이름을 말하는 것이 금기시되었기 때문입니다. 그래서 마법학교에서는 학생들이 볼드모트를 말하고 싶을 때 "누구 말하는지 알지?"라고 이야기합니다. 그리고 볼드모트가 죽었을 때 해리포터는 "고통이 끝났다"고 말합니다. 볼드모트가 없어진다고 모든 인생의 고통이 없어지지는 않습니다. 여기서는 생리를 볼드모트처럼 말하면 안 되는 현실을, 또 생리 자체를 고통으로만 여기는 현실을 비유하는 표현입니다.

# 생리 = 엄청 창피한 것

아직도 많은 사람들에게 생리는 부끄러운 거야. 대놓고 말하지 못하거든. 텔레비전 같은 미디어에서는 더 그래. 드라마 같은 데서 여배우가 생리 중에 겪는 일을 다룬 장면 본 적 있어? 그래서 생리대를 만들어 파는 회사들은 고민이 많아. 생리대 광고를 해야 하는데 사람들이 광고를 부끄러워하며 보면 안 되니까. 생리대 광고에서 사실 주인공은 생리나 생리혈 그 자체여야 하잖아. 그런데 생리 대신 생리대나 다른 것만 주인공이 돼. 증권회사도 아닌데 계속 통계가 나오기도 해. 흡수율이 얼마인지, 사람들이 생리대를 써보니 뭐가 좋은지. 이런 통계가 광고 모델로 나와. 텔레비전에서 생리혈을 보여줄 수는 없는 거지. 생리대 광고에서 생리혈 본 적 있어?

내가 별로 좋아하지 않는 전쟁 영화에서는 피가 흘러 넘쳐. 그렇게 생각해보면 가짜 피 한 컵으로 할 수 있는 생리대 광고를 찍을 수도 있잖아. 그런데도 생리대 회사에서는 광고할 때 아예 빨간색을 사용하지 않으려고 해. 피를 흡수하는 일을 하는 생리대를 광고하는 데 빨간색이 없다니. 생리 광고도 터부가 있는 거지. 지금까지 내가 본 생리 광고에는 두 가지 프레임이 있어.

### 생리 광고 프레임 1

화면에 생리대나 탐폰이 등장해. 컷! 카메라는 생리대를 전 방향에서 볼 수 있도록 한 바퀴 돌고. 컷! 그리고 초근접 촬영으로 생리대나 탐폰이 화면에 꽉 차게 나와. 컷! 엄청난 흡수율을 자랑하는 합성섬유도 보여주고. 컷! 내 몸에 딱 달라붙는 바지를 입어도 생리대를 했는지 안 했는지 모른다는 걸 보여주지. 컷! 생리혈 냄새까지 잡아주는 향기로운 냄새도 보여줘. 컷! 이런 식으로 생리대나 탐폰의 기능과 특징을 우리에게 보여주는 거야. 여기서 재미있는 게 하나 있어. 절대 '생리'라는 말을 쓰지 않는다는 거야. 대신 비밀스러운 말들을 쓰지. "한 달에 한 번, 그날" 또는 "당신의 여성 주간" 등. 마치 소비자를 바른 길로 안내한다는 느낌까지 들어.

날씬하고 예쁜 여자가 실험실 가운을 걸치고 '파란색' 액체가 든 유리관을 손에 들고 있다가 생리대에 부어주면 파란 액체는 생리대에 완전히 흡수 돼. 그러는 동안 "그날 우리가 해줄 수 있는 최고의 선물, 오직 당신만을 위해 존재합니다." 하는 멘트가 흘러나오지.

CUT 1. 금칙어가 아닌데요.

CUT 2. 침대 광고가 아닌데요.

**생리 광고 프레임 2**

텔레비전 화면에 하얗고 가벼운 원피스를 입은 날씬하고 예쁜 여자가 나와. 그녀는 찰랑거리는 머리카락을 흩날리며 여름 초원을 뛰어다녀. 아니면 화려한 도시 한복판에서 친한 여자 친구들과 폴짝폴짝 뛰어다니거나. 아니면 이유 없이 거울 앞에서 과하게 춤을 춰. 그것도 아니면 치마를 팔랑거리며 버스에 급하게 올라타. 어떤 상황이든 몸을 활발하게 움직이지.

또는 날씬하고 예쁜 여자가 세상에서 제일 크고 하얀 침대 위에 누워 있어. 그녀는 아주 만족스러운 미소를 지으며 자고 있지. 좀 도발적으로 보이기도 하지만 아주 행복한 표정이야. 왜냐하면 이 광고를 보는 모든 사람이 그녀가 생리 중이라는 것을 몰라야 하기 때문이야. 생리 중에 춤을 추든 잠을 자든 아무 상관이 없다는 것을 보여줘야 하니까.

# 나의 생리를 알리지 말라?

이런 광고 프레임이 짜증나는 이유는 여러 가지가 있어. 우선 내 생리혈은 파란색이 아니거든. 왕족들의 피가 파랗다는 소문을 들은 적이 있지만 우리 같은 사람들은 아니야. 이런 광고는 왕족들만 봐야 하나? 물론 왕족도 사람이라면 파란색 피는 아닐 거야. 그리고 저 커다랗고 하얀 침대는 어디서 왔는지 도무지 모르겠어. 더 궁금한 건 생리라는 단어를 왜 안 쓰는 거지? 그게 그렇게 힘든 일인가. 자궁 점막이 탈락해 질을 통해 흘러나오는 것. 이 '생리'라는 말을 방송에서 쓰지 않으니까 사람들이 계속 여러 가지 암호 문구를 만들어 쓰게 되는 거야. 세상에서 가장 많은 암호를 가진 단어가 아마 '생리'일 거야. 그 암호들을 다 모으면 아마 기네스북에 등재 신청을 해도 될 거야.

생리대를 만드는 회사 분들! 어려운 줄은 알겠지만, 솔직하고 정확하게 말 좀 해줘요. 귀사의 제품이 어디에 필요한지 속 시원하게 말하는 게 어때요? 소비자들의 신뢰를 얻는 데 도움이 되지 않을까요? 여기 좀 봐요! 좀 보세요! '생리, 생리, 생리! 생리혈, 생리통, 생리대!' 들어보니 어때요? 그냥 광고에 써도 괜찮을 것 같지 않나요?

광고 때문에 짜증나는 또 하나의 이유는 우리가 생리 중인 걸 남들이 알면 안 되는 것으로 다루기 때문이야. 생리대 광고는 "생리를 해도 우리는 뭐든 할 수 있어.", "생리는 우리를 막을 수 없어."와 같은 메시지를 담고 있어. 아주 좋은 메시지야. 그런데 우리가 생리대 광고에서 느끼는 메시지는 그렇지 않아. 누구나 이렇게 느끼게 돼. "우리는 뭐든 다 해내는 사람이야. 사람들도 다 알아. 하지만 우리가 생리하는 것은 몰라야 해." 가장 중요한 생리대 기능 중 하나는 세탁을 해도 잘 지워지지 않는 생리혈 자국을 바지나 팬티에 묻지 않게 하는 거야. 그런데 광고는 생리대의 가장 중요한 기능이 생리 중인 걸 다른 사람에게 들키지 않도록 완벽하게 감추는 거라고 얘기 해. 냄새도 나지 않아야 하고 생리대를 착용한 것도 알 수 없어야 하는 거지. 생리대 회사가 광고하는 제품을 쓰면 우리는 생리하는 게 아닌 게 돼. 그 상태로 여행도 가고, 춤도 추고, 뭐든지 다 할 수 있다고 생각하게 만드는 거야. 그게 아니라면 뭐야?

텔레비전에서 광고하는 회사의 생리대가 없으면 우리는 집에 틀어박혀 홀로 아파하며 누워 있어야 하는 거야? 다리 사이로 흐르는 피를 느끼며 서러워해야 하는 거냐고? 생리대 광고는 생리가 터부라고 말하고 있지는 않아. 하지만 생리를 숨겨야 한다는 걸 끊임없이 사람들에게 암시하고 있어. 생리를 숨겨야 한다는 것은 생리가 부끄러운 것이고 수치심이 드는 것이라고 얘기하는 것과 같아.

이런 광고에서는 생리대가 없으면 사회생활을 하는 게 힘들다고 말하는 거야. 피가 흘러서? 아니! 생리대는 생리를 숨기기 위한 거니까. 생리대 광고는 '생리를 숨기지 않으면 사회의 규범을 위반하는 것'이라고 말하는 거지. 생리에 대해 대놓고 말하는 사람들은 아이큐 10도 안 되는 사람이라고 돌려서 말하고 있는 거야. 너무 영악하지 않니?

# 여성에게 상쾌함을 강요하는 사회

해야 할 일 리스트가 막 떠오르지? 그냥 생리대를 하는 게 좋겠어. 일이 너무 많아지잖아. 생리대는 확실히 있어야 해. 우린 생리대 종류별로 각각 다른 느낌을 받아. 그러니 자기에게 맞는 생리대를 찾게 되는 거지. 생리대의 사용가치는 이렇게 생리혈이 흐르지 않게 해주고 생리 중에 상쾌한 느낌을 주는 데 있어. 분명 사용가치가 있는 거지. 그런데 생리대 광고를 보면 그런 사용가치는 보이지 않아. 모든 광고는 생리대를 사야하는 이유는 딱 하나라고 알려줘. 카피로 뽑아보면 이 정도 되지 않을까?

"우리 회사 생리대는 당신의 생리를 가장 완벽하게 숨길 수 있는 제품입니다."

왜 그렇게 광고를 하는 것 같니? 난 대답을 찾았어. 생리에서 찾았냐고? 아니, 땀에서 찾았어. 우리가 생리만 하는 건 아니잖아. 겨드랑이에서도 땀이 나고 이마에서도 땀이 흐르잖아. 생리할 때처럼 땀이 날 때도 냄새에 민감해지지. 땀에 찌든 셔츠에서 나는 냄새는 생각만 해도 머리가 아파. 난 평범한 여자아이인데도 끊임없이 땀을 흘려. 2009년 한밤중에 열린 마라톤 대회 때 입었던 티셔츠 냄새는 다시는 맡고 싶지 않아! 반대로 정말 좋아하는 내 몸 냄새가 있어. 가장 좋아하는 향수를 목과 손목에 뿌리고, 섬유 유연제 향기가 폴폴 나는 옷을 입었을 때야. 그 상태로 밖에 나가서 돌아다니다가도 땀이 흐르기 시작하면 냄새 때문에 다시 민감해져. 그럴 때 길거리 광고판에 있는 모델을 보면 괜히 주눅이 들어. 멋진 포즈로 몸을 반쯤 드러내고 이렇게 말하는 것 같아. "이리 와서 내 향기를 맡아 볼래?"

현실과 달리 광고 속 여자들에게선 좋은 냄새가 나는 것 같아. 속옷 광고, 전혀 관련 없는 다른 광고, 영화, 텔레비전 드라마, 그 외에도 수없이 많은 채널에서 볼 수 있는 모든 여자들이 가진 공통점이 하나 있어. 땀을 거의 안 흘린다는 거야. 모델이나 텔런트는 심지어 결벽증까지 있어 보여. 하루에 샤워는 기본 세 번 정도는 할 것 같아. 이상적인 여성은 일단 땀을 흘리면 절대 안 되는 거지. 땀뿐만 아니라 콧물이나, 오줌, 젖, 피 등 몸 밖으로 나오는 모든 액체가 그들에게서는 보이면 안 되는 거야. 생리처럼 말이야.

모든 인간의 신체는 액체를 방출하게 되어 있잖아. 그런데 사람들은 몸에서 수분이 나오는 걸 보여주면 안 된다고 생각해. 왜냐하면 다른 사람 몸에서 액체가 나오는 걸 보는 건 너무 불편하기 때문이야. 누가 길거리에서 실례하는 걸 우연히 보게 되면 바로 고개를 돌리잖아. 도대체 어떻게 해야 할 지 난감해지거든. 그래서일까? 이런 말도 있잖아. 남자는 울면 안 되고, 여자는 피를 흘려서는 안 된다. 뭐 이런 식인 거지. 그래서 생리대 광고에는 신체 분비물일 뿐인 생리혈을 떠올리지 말라고 빨간색 액체를 쓰지 않는 거야. 대신 파란색 액체를 사용하면 화학 합성물 같아서 사람 몸에서 분비된 액체라고 생각하지 않거든. 생리대 제작회사, 너희들! 나한테 딱 걸렸어! 어디서 잔머리를 굴려!

# 생리를 부끄러워하지 않기 위한 클라라의 가이드

내 스스로를 돌아봐도 그렇지만 모두가 자신의 생리에 대해 부끄러워해. 일단 이 감정을 인정한 뒤에 어떻게 대처해야 할지 생각해 봐야 해. 구체적인 대응 방법이 있을까? 있어! 분명 있다고! 아, 그렇다고 내일 아침에 일어나자마자 당장 생리 이야기를 하라는 건 아니야. 그건 정말 아니야. 혹시 너희들 중에 아침부터 저녁까지 생리 이야기만 하는 방법으로 수치심을 이겨낸 사람이 있다면 나한테 알려줘. 어떻게 그런 용기를 냈는지 듣고 싶거든.

**1. 생리에 대한 이야기를 해보기**

마음으로 사랑하는 사람들이 육체적인 사랑을 나눈다고 늘 행복한 건 아니야. 특히 여자들은 성관계시 임신할지도 모른다는 두려움이 앞서. 그 걱정으로 한 달을 조마조마해 하며 보낼 때도 있거든. 상대

방이 아무리 좋아도 임신을 걱정하는 한 달은 끔찍한 나날일 거야. 그러다 생리가 시작되면 비로소 안도감을 느껴. 그때엔 아무리 심한 생리통도 기쁜 마음으로 받아들일지 몰라. 그렇다고 생리통을 마냥 반가워할 수는 없잖아.

생리에 대해 누군가에게 이야기하는 게 불편하고, 그냥 혼자만 조용히 있고 싶다면 그렇게 해. 그러다가 생리에 대해서 누군가와 이야기하고 싶어지면, 꼭 자신의 생리에 대해서만 이야기할 필요는 없어. 꼭 자신의 두 다리 사이에서 분출하는 피에 대한 것만 이야기하라는 말은 아니야. 나처럼 자신의 생리 주기에 대해 당장 블로그나 SNS에 글을 쓰며 시작할 필요도 없어. 대신 자궁내막증, 생리전증후군, 생리 교육, 경고 신호, 생리 때문에 병원에 가야 하는가 등에 관련된 기사나 글들을 찾아 블로그에 올려도 돼. 우리 사회가 생리를 어떻게 바라보는 지에 대한 심각한 이야기를 해봐도 돼. 생리와 관련된 여러 문제들을 겪으며 그에 대해 말할 수 있는 용기를 갖자는 등의 이야기를 해봐도 좋지.

우리가 생리에 대한 이야기를 시작한다면 그것 하나로 우린 아주 중요한 일 중 하나를 해낸 거야. 생리에 대해서 자연스럽게 이야기하기 시작하는 것 자체가 더없이 중요한 거거든. 다시 한 번 더 이야기할게. 정말 중요하니까 강조할 필요가 있어. 정말로! 생리에 대해 이야기하는 걸 부끄러워하지 마. 반대로 아주 자랑스럽게 생각할 필요도 없어. 생리 중에 만나는 모든 사람들에게 생리에 대해 말할 필요도 없고. 하지만 우리 스스로 생리에 대해 이야기를 꺼냈다는 걸 자랑스러워해도 돼.

### 2. 생리대를 드러내기

"엄마야! 어떡해? 너무 쪽팔려!" 이제 생리대 갈러 갈 때 느끼는 부끄러움을 조금씩 없애보자고. 우선 생리가 일상에서 일어나는 자연스러운 일이라는 걸 받아들여야 해. 그러니 화장실에 가면서 생리대를 주머니에 숨기지 말아야 해. 펜이나 종이, 사과를 손에 쥐고 가는 것처럼 한 손에 그냥 쥐고 가. 아주 자연스럽게. 그러면 세상을 향해 네가 화장실에서 뭘 할지를 다 알리는 기분이 들 거야. 너한테 몰려들어 사진을 찍는 기자들에게 플래시 세례를 받는 것 같은 기분을 느낄 수도 있어. 하지만 한 열 번 정도 그렇게 하다 보면 사실 무감각해져. 마치 학교 급식실에 우유 한 팩을 더 가지러 가는 것보다 훨씬 덜 불편할 거야. - 그런데 음식을 더 받으러 가는 건 왜 불편한 걸까? 먹보라는 낙인이 찍힐까 봐? - 아니 반대로 아주 기쁠 수도 있어. 기분이 아주 좋아질걸. 그리고 네 스스로가 자랑스러울 거야. 네 자신이 아주 멋지게 느껴지겠지.

### 3. 새로운 원칙을 받아들이기

사람들이 보는 곳에서 생리대를 들고 가봤니? 날씨 이야기하듯 생리에 대해 말하는 건? 만약 이 두 가지에 성공했다면 이제는 멈추면 안 돼. 계속해서 그렇게 해야 해. 사람들 앞에서 생리대를 들고 다니고 생리에 대해 말하기가 자연스러워질 때까지 말이야. 이제 생리에 대해 마음을 더 열어봐. 한편으로는 생리가 지저분하고 끔찍한 것이라는 생각이 여전히 들 수 있어. 교통카드를 꺼내다 탐폰을 떨어뜨려서 친구들에게 너무 쪽팔린다고 말할 수도 있고. 그런데 자꾸 그러면 안타깝게도 너무 낡아서 더 이상 쓰이지 않아야 할 원칙, 즉 '생리는 불결한 불청객이라는 생각'을 계속 퍼뜨리는 거야. 우리 부모의 부모의 부모들이 자신의 자식들에게 끊임없이 잘못된 원칙을 물려주었던 것처럼 말이야.

사실 생리는 그동안 우리가 알았던 것과는 완전 상반된 것이라는 걸 확실히 하자고. 다르게 생각해보자. 생리는 재미있고 좋고 아주 흥미로운 것이라고. 그리고 이 새로운 원칙에 맞추어 살아보자고. 물론 생리통이 좋은 것이라고 자신을 세뇌시키는 것은 불가능 해. 아픈데 안 아프다고 자기 최면을 거는 것은 미련한 일이야. 진통제가 해결할 일을 우리가 할 수는 없잖아. 그래도 생리가 부끄러운 일이라는 잘못된 원칙을 지워버리기 위해서는 새로운 원칙을 받아들이는 게 제일 좋은 방법이라고 믿어.

### 4. 함께 모이기

무언가를 이루려고 혼자서 고군분투하는 것은 늘 힘든 일이야. 특히나 그 '무언가'가 수 천 년 된 터부를 깨부수는 것이라면. 잘못된 인식을 깨뜨리고 바로잡는 일을 혼자서 하는 건 불가능해. 스테이크 한 조각은 혼자서도 먹어치울 수 있어. 하지만 생리에서 수치심을 제거하려면 제2차 세계대전에서 나치와 싸워 이겼던 연합군 정도의 병력이 있어야 해. 그렇다고 군대를 만들겠다고 전 세계를 돌아다닐 필요는 없어. 일단 너희 학교 같은 반에서 친구를 찾아봐. 운동이나 클럽을 같이 하는 친구들 중에서 찾아봐도 돼. 그곳이 어디든, 1명이든 10명이든 100명이든.

생리에 대해 말하고자 하는 사람들이 있다면 모아보는 거야. 그리고 이야기를 시작하자! 처음에는 둘이서, 그리고 점점 더 많은 사람과 함께 말이야. 그리고 이야기 나눈 걸 행동에 옮기는 거지. 화장실에 갈 때 생리대를 자연스럽게 손에 들고 아무 일 없다는 듯이 걸어가는 거야. 손 안에 숨기지 말아야 해. 용기가 필요하니 서로를 지지하고 응원해 주자고. 잘한다고 어깨도 두드려주고. 그렇게 당당하게 화장실엘 가는 거야. 그러면 생리 무식자들 중 한 명이 나서서 우리를 보고 뭐라고 할 거야. 그때 0.1초도 쉬지 않고 바로 받아쳐줄 말들이 뭐가 있을지 생각해놔야 해. 혼자 그 말을 생각하는 것보다 여럿이 이야기해보는 건 어떨까. 이 모든 것을 하려면, 그래서 세상 사람들의 생각을 바꾸려면 혼자서는 절대 안 돼. 그러니 모여야 하겠지?

### 5. 움츠러들지 않기

생리에 대해 말하면 불편해하는 사람들이 있어. 그 사람들한테 너무

윽박지르지는 마. 어떻게 보면 더 잘해줘야 하는 사람이야. 그래서 우리가 얼마나 훌륭한 사람인지 보여줘야 해. 남자들이 '생리는 나의 권리'라는 말을 듣고 놀리거나 비아냥대면, 부끄러워하며 피해선 안 돼. 남자들이든 혹은 생리하지 않는 사람이든 간에 대화에 참여시켜야 해. 서로 말하지 않으면 우리는 뭔가 새로운 것을 만들어 낼 수 없어. 네가 생리를 한다며 누군가가 놀린다고 부끄러워하면, 생리는 계속해서 놀림감이 되어버리거든. 침착하고 차분하고 똑 부러지게 말해. 생리가 인류에게 어떻게 도움을 주어왔는지, 과학적이고 의학적으로 생리가 어떤 것인지에 대해서도 말해줘야 해.

그들이 질문하면 대답해줘. 우리는 '생리 똑순이'가 되어야 해. 그러면 생리를 입에 담아서는 안 된다는 생각도 점점 사라질 거야. 나중에는 생리를 진중하게 사실적인 관점으로 다루게 될 걸. 그뿐만 아니라 여러 관점에서 생리를 바라볼 수도 있게 돼. 한 걸음 더 나아가 생리에 대해 농담을 할 수 있다면 대단한 경지에 오르는 거야. 조롱과 농담은 구분하지? 농담에는 따뜻함이 있거든. 조롱은 다른 사람들 마음을 아프게 해서 웃게 만들어. 그래서 조롱에는 비난이 섞여 있어. 반면에 농담은 손이 조금 오그라들 수도 있어. 여배우가 "자기야 나잡아봐." 하고 말하며 뛰어다니는 유치한 로맨틱 코미디 영화라고 생각하면 돼. 그래서 농담은 쉽지 않아. 그래도 생리에 대해 여러 측면에서 바라보고 표현하게 되면 우리는 훨씬 여유 있는 사람이 될 거야.

그 누구에게도 상처를 주지 않고 농담을 할 수 있으면 진지하게 생리에 대해 토론도 할 수 있어. 그러니 생리에 관해서는 '똘똘이 스머프'처럼 잘난 척을 해도 괜찮아. 네가 아는 생리에 대한 모든 것을 말했는데도 다른 사람이 받아들이지 않는다면 조용히 물어봐.

"생리가 없으면 네가 존재했겠니?"

5장

# 생리와
# 페미니즘은
# 닮았다?

페미니즘이 다루는 아주 중요한 주제 중 하나가 바로 '생리'야.

역사적으로 보면 남성들은 여성들을 체계적으로 탄압하는 데 생리를 이용했어.

이제는 바로잡아야 할 때야. 생리는 우리 여성들의 것이야.

아무나 비웃고, 놀리고, 역겨워할 수 있는 사회적 공유재산이 아니라고!

생리를 우리 여성들의 시각으로 다시 자리매김해야 해.

그러니 여성들이 먼저 생리에 대해서 이야기하고 드러내고 알아야 해.

# 우리는 모두 페미니스트!

생리는 페미니즘과 어느 정도 가까운 주제일까? 이 세상에서 나의 주된 관심사는 다섯 가지가 있어. 생리 페미니즘 고양이 감자칩 그리고 비염 스프레이야. 비염 스프레이가 없으면 난 재채기도 못 해. 난 다른 사람에 비해 콧구멍이 훨씬 작은 것 같아. 비염 스프레이가 없었다면 코에 재채기가 꽉 차서 난 이미 죽고 말았을 거야. 감자칩은 내가 먹어본 것 중에 가장 맛있는 과자야. 고양이는 복슬복슬하고 귀엽잖아. 페미니즘에 꽂힌 건 취향 때문이 아니야. 그 자체로 너무 중요한 주제야. 생리는 너무 흥미진진한데, 다른 사람들이 딱히 관심을 두지

페미니즘feminism은 여성의 권리 및 기회의 평등을 핵심으로 하는 여러 형태의 사회적 정치적 운동과 이론들을 아우르는 말입니다. 여성과 남성의 관계를 살펴보면 여성의 권리가 사회제도 및 기존의 관념에 의해 상대적으로 억압되고 있다는 것을 알 수 있습니다. 페미니즘은 역사적이고 현실적인 이론입니다. 역사적으로 보면 남성이 사회활동과 정치참여를 주도해왔는데 페미니즘은 여성에게도 똑같은 권리를 부여하고 실현해내는 것을 목표로 합니다. 남성중심 사회에 여성이 참여하고자 하는 움직임은 기원전 로마 공화정 시기에 처음 기록되었고, 1405년 프랑스의 크리스틴 드 피잔이 처음으로 《여성들의 도시》라는 책에서 여성의 사회적 지휘와 권리를 주장하는 글을 썼습니다. <두산백과>(http://www.doopedia.co.kr) ; 안체 슈룹 글, 파투 그림, 김태옥 옮김, 《페미니즘의 작은 역사》, 숨쉬는책공장, 2016, 14쪽 참조.

않는 분야잖아. 그래서 내가 생리에 관심을 갖는 거야. 누군가는 그래야 하니깐. 생리 관련한 일에는 딱 내 자리가 있다고 느껴.

이제 페미니즘 이야기를 시작해볼게. 가끔 나는 페미니스트로 불리기 싫어하는 여자아이들을 만나. 이 아이들은 페미니즘 이야기를 조금만 해도 바로 피해버려. 부엌칼을 들이대며 물어볼까? "너 페미니스트야? 대답 하라고!" 너희한테는 안 그럴 테니 너무 걱정하지는 마.

사람들은 이런 걸 물어보는 걸 좋아하는 것 같아. 너 여자니? 너 학생이니? 너 직장인이니? 그런데 이런 질문은 누군가에게 부엌칼을 들이대는 것과 똑같아. 만약에 네가 학생이 아닌데 학생이냐고 물어보면 기분이 나쁠 수도 있거든. 여자한테 너 여자냐고 물어보는 건 또 어떻고. 마치 정체를 밝히라고 하는 질문 같거든. 앞에서 이야기했던 "너 생리하니?"라는 질문도 비슷해. 그렇다고 인정하면 생리하는 부류로 묶어서 온갖 편견을 들이대잖아. 그래서 누군가 너희한테 정체를 밝히라고 요구하는 건 일종의 공격일 수 있어. 사실 이 페미니즘에 부엌칼을 들이댄 건 신문이었어.

2014년, 페미니즘이 아주 핫한 이슈였을 때였어. 모든 타블로이드판 신문들이 앞 다퉈 비슷한 전술을 사용했어. 신문은 B급 연예인들을 대상으로 자신이 페미니스트인지를 묻고 '예, 아니요'로 답하는 설문을 실시했어. 단순히 그 질문만 있었어. 어떠한 기본 정보나 배경 지식도, 관련된 정보도 없었지. 마치 유로비전 송 콘테스트를 볼 것인가 말 것인가를 묻는 질문처럼 말이야. 그리고 재촉하는 거야. 빨리 대답하라고!

너희 스스로를 페미니스트라고 생각하지 않아도 돼. 내가 페미니즘에 크게 관심이 없었을 때엔 나도 나를 페미니스트라고 부르고 싶지 않았어. 직장에서는 남성이 자기와 같은 일을 하는 여성 동료보다 월급이 훨씬 많잖아. 이렇게 좋은 조건을 가진 사람은 자신이 페미니스트로 불리기 싫어할 거야. 충분히 이해가 돼. 게다가 돈은 좋은 거잖아. 이럴 때 평등을 이야기하기는 어려워. 어쩌면 당연할 수도 있어. 그렇지만 그렇게만 생각하면 뭔가 놓치고 있는 것 같아. 마치 남성이 여성보다 능력이 우월한 것처럼 보이거든. 그리고 정당하게 보수를 받고 있는 것처럼 보이잖아. 같은 일을 하는데도 말이야. 이렇게 페미니즘에 대해 질문을 하거나 대답을 할 때에는 타당한 근거나 자료가 있어야 해. 이론적인 배경도 있어야 하고.

# 페미니스트의 조건

사실 난 모든 사람이 스스로를 페미니스트라 불러야 한다고 생각해. 페미니스트란 성별에 따른 정치적 경제적 사회적 불평등을 없애고 평등한 사회를 만들어야 한다고 믿는 사람들이야. 이렇게 이야기하면 페미니즘에 반대하는 사람은 없을 거야. 누가 진지하고 솔직하게 여성과 남성이 평등해지면 안 된다고 이야기할 수 있겠니? 물론 그런 사람도 있을 거야. 있겠지. 지구 어느 구석에서 누군가는 남녀가 평등해지면 안 된다고 말하는 사람이 있을 수 있어. 나는 그 사람에게 가서 이야기해줄 거야.

"넌 부끄러운 줄 알아야 해!"

너희들 중에는 틀림없이 이렇게 말하는 사람도 있을 거야. "스웨덴은 그래도 성평등이 많이 실현된 나라 아니야?" 맞는 말이야. 스웨덴은 세계에서 여성 정치인 비율이 아주 높은 편에 속해. 여성들이 자신의 권리를 주장하는 데 큰 문제도 없고 경제활동 참여도 활발해. 2013년 통계에 따르면 스웨덴은 세계에서 네 번째로 성평등이 잘 이루어진 나라로 꼽혔어.[●] 멋진 일이야. 나도 무척 자랑스러워. 그러나 여전히 스웨덴 기업에서도 여성 CEO보다 남성 CEO가 훨씬 더 많아. 전반적으로 같은 업무를 수행해도 여성의 급여가 남성보다 적어. 남녀 급여 격차를 시간으로 비교하면 여성은 오후 3시 52분 이후부터 돈을 받지 않고 일을 하는 셈이야. 그것도 매일처럼 말이야. 스웨덴에서도 네 명 중 한 명의 여성은 가까운 사람으로부터 폭력을 당한 경험이 있다고 해. 스웨덴에서는 아직도 여자가 술에 취하거나 짧은 치마를 입거나 가슴이 깊이 파인 옷을 입었다는 이유로 성폭행을 저지른 남자들이 사면을 받고 감옥에서 풀려나는 일들이 벌어져. 이건 마치 그 여자가 거기 있었기 때문에 남자가 성폭행을 가했다는 말이랑 비슷한 것 같아.

이런 상황이 정말 조금이라도 이상하다고 생각되지 않니? 그렇지? 이상하지? 그렇다면 너도 페미니스트야! 페미니스트 정당을 지지한다고 페미니스트가 되는 건 아니야. 꼭 성차별 철폐를 위한 투쟁을 해야 되는 것도 아니고. 다리털을 밀지 않아야 되는 것도 아니야. 남자를 싫어해야 페미니스트가 되는 것도

● 여기서의 성평등지수는 '성격차지수'(GGI, Gender Gap Index)를 말합니다. GGI는 세계경제포럼(WEF)이라는 국제기구에서 매년 14개 지표에 점수를 매겨 합계를 내서 순위를 발표합니다. 2016년 한국의 성격차지수는 144개국 중 116위였습니다. 비슷한 일을 하는 남녀 임금격차(125위), 남녀 소득격차(120위), 기업의 여성 관리자 비율(114위), 여성 장관 비율(128위) 등입니다. 하지만 유엔개발기구(UNDP)가 발표하는 성불평등지수(Gender Inequality Index, GII)에서는 한국이 높은 순위에 자리합니다. 2017년에는 한국이 188개국 중 10위를 차지해서 성평등이 많이 실현된 나라로 꼽혔습니다. 전문가들은 성격차지수와 성불평등지수는 평가 항목이 다르기 때문에 순위보다는 개별 항목에 주목해서 정책 수립에 참고해야 한다고 말합니다. "세계경제포럼 발표 2016년 성격차지수(GGI) 관련", <여성가족부 공식블로그 가족사랑>, 2016년 10월 27일자 '여성가족부 소식' 참조.

자네는
여자니까 오후 3시 52분부터는
무임금으로 일을 하도록
하게.
?

물론 아니지. 페미니스트의 조건은 하나인 것 같아. 무엇이 '남자'이고 무엇이 '여자'인지, 철저하게 나누고 마치 기준이 있는 것처럼 생각하는 것을 그만두는 거야. 남자는 이것만 해야 하고 여자는 저것만 해야 한다는 역할론은 우리를 감옥에 가두는 것과 같아. 물론 너희들이 원한다면 페미니스트 정당을 지지하고 성차별 반대를 위해 목소리를 내는 건 더 좋아. 그렇다고 페미니즘이 페미니스트만을 위한 사상이라고 생각하면 안 돼. 페미니즘이 추구하는 궁극적인 목표는 세상 모두를 사회적 감옥에서 해방시켜주는 것이기 때문이야. 모든 사람들이 자신의 성별 때문에 차별받지 않고 자신이 원하는 바를 할 수 있는 사회를 만들어야 한다는 사상이거든. 꽤 타당한 논리지.

그래서 페미니즘이 다루는 아주 중요한 주제 중 하나가 바로 '생리'야. 역사적으로 보면 남성들은 여성들을 체계적으로 탄압하는 데 생리를 이용했어. 이제는 바로잡아야 할 때야. 생리는 우리 여성들의 것이야. 아무나 비웃고, 놀리고, 역겨워할 수 있는 사회적 공유재산이 아니라고! 생리를 우리 여성들의 시각으로 다시 자리매김해야 해. 그러니 여성들이 먼저 생리에 대해서 이야기하고 드러내고 알아야 해. 과거를 돌이켜 보면 자궁을 가진 우리는 그곳에서 벌어지는 일들을 언제나 숨겨왔어. 우리 스스로 숨기고 감춰왔던 오래된 역사의 흐름을 이제 되돌려 놓을 때야.

# 십대에 바라는 여성상

나는 늘 부모님 생일 축하 멘트를 별도로 준비해. "축하해요! 지금보다 어려지는 일은 없을 거예요!" 그러면 부모님은 크게 한숨을 쉬어. 난 똑바로 그들의 눈을 쳐다봐. 각막 너머로 불타고 있는 패닉의 빛을 볼 수 있어. 부모님은 늙는다는 것을 고통스럽게 느끼는 것 같아. 내가 좀 버릇이 없나? 그런데 나는 다르게 생각해. 늙어간다는 것에 대해 부모님이 생각하는 것과 완전히 다르게 생각해. 왜냐하면 다시는 어려지지 않는다는 것이 난 너무 기쁘기 때문이야. 나는 지금까지 살아온 내 인생에 대해 자부심을 가지고 있어. 특히 십대 시절을 버텨냈다는 것이 단연 최고야. 그 시절로 돌아가지 않아도 되고 새로운 것 앞에 작아지지 않고, 그저 더 나이를 먹어가며 더 지혜로워질 거라고 생각해. 이건 내가 정말로 바라는 일이거든. 우리 부모님은 나이가 들수록 계속 더 행복해질 거야.

십대에는 정도의 차이는 있겠지만 대다수가 삶을 혼란스러워 해. 만약 열네 살의 클라라에게 "사는 게 혼란스럽니?"라고 물어봤다면 대답은 "아니!"였을 거야. 왜냐하면 열네 살 클라라는 자신이 어떤 사람인지에 대한 확신이 있었거든. 하지만 스무 살의 클라라에게 "열네 살 무렵 사는 게 혼란스러웠니?"라고 묻는다면 대답은 "엄청!"일 거야. 왜냐하면 그때의 나는 늘 '나와 남'의 경계에서 혼란을 겪었거든. 늘 남들과 다르게 튈 것이냐, 아니면 다른 아이들에게 묻어가느냐를 두고 갈팡질팡했어. 중학생 또래 아이들은 원래 그런 식이야. 개성 있거나, 재미있거나, '쿨'하거나, 특별하거나 해야 하지. 그런데 특별히 튀는 중학생이 되기란 쉽지 않아. 외모가 아이돌 같거나, 키가 엄청 크고 날씬하거나, 젖가슴이 발달하거나, 염색을 하면 몰라도. 중학생 또래 아이들은 기본적으로 까칠해. 반에서 '쿨'한 아이들은 다른 아이들보다 브래지어도 빨리 하고 마스카라도 빨리 시작하는 아이들이야. 그 당시 우리들에겐 '여자'라면 어때야 한다는 큰 그림이 있었거든. 어린 친구들은 그 그림을 마음대로 그려. 그러다 보면 '여자'라는 것에 대해 잘못 생각하기도 해. 그때의 나도 너희들과 비슷했어. 다른 아이들과 어울리기 위해 노력했어. 튀지 않고 아이들과 비슷하게 지내려 했어. 쉬워보여도 비슷하게 산다는 건 많이 힘들어. 불안하기도 했고 걱정도 많았어. 그 중 가장 큰 걱정은 아마도 몸과 외모였을 거야. 여자다운 외모는 내 머릿속에 딱 정해져 있었던 것 같아. 그때 내가 내 몸에 대해 얼마나 불안해했는지 정리해 볼게.

# 외모와 여성상에 대한 혼돈

< 내가 걱정했던 신체 부위 목록 >

- 내가 느꼈던 불안감은 괄호 안에 적어놨어.

가슴 (작아서)

배 (나와서)

엉덩이 (튼 살 때문에)

아랫배 (군살 때문에)

손톱 (뜯어먹어서)

손 (건조하고 작아서)

발 (작아서)

발가락 (전반적으로 못생겨서)

다리 (심홍색에 털이 많아서)

머리카락 (얇아서)

얼굴 (얼룩덜룩해서)

코 (구부러져서)

치아 (누래서)

입술 (얇아서)

내 배랑 가슴은 언제나 나의 기대와 반대였어. 하나는 크고 하나는 작았지. 언젠가 아침에 양치질을 하다가 불현듯 깨달았어. 갑자기 내 코가 눈에 들어왔거든. 내 코를 옆에서 봤더니 아주 구부러져 있더라고. 처음에 든 생각은 '이런 망할!'이었어. 두 번째 든 생각은 '아니, 어떻게!'였어. 평방 5제곱센티미터 크기의 코가, 그것도 내 얼굴 중앙에 구부러진 채로 이렇게 오랫동안 숨어 있었을까?

그 뒤로 반 년 정도, 난 사람들이 내 옆얼굴을 못 보게 하려고 엄청난 에너지를 쏟았어. 내 주변 사람들이 나를 옆에서 쳐다보지 못하게 하려고 얼마나 애썼는지 몰라. 사람들이 어디에 있는지 모든 순간에 다 파악을 해야 했어. 힘들었지만 꽤 잘 버텼어.

중학교 2학년 때였어. 내 외모 콤플렉스는 절정에 달했어. 위 목록에 있는 모든 신체 부위에 대해 동시에 스트레스를 받았어. 그것도 자주. 지금 와서 생각하면 내가 어떻게 그 시절을 견뎌냈는지 신기할 정도야. 내 몸 전체를 가리거나 숨겨야 한다는 압박을 받았어. 지금 생각해 보면 하루를 어떻게 보냈는지도 모르겠어. 지구상에 돌아다니는 사람 중에 자신이 가장 못 생겼다고 생각하면서 어떻게 평범한 삶을 살 수 있겠니?

열네 살이 되어서야 방법을 찾았어. 꽤 괜찮은 답을 얻었거든. 브래지어는 한 치수 큰 사이즈를 샀어. 그리고 화장지를 가슴과 브래지어 사이에 찔러 넣었어. 배는 좀 넣을 수 있었지. 자유 체육 과목을 선택해서 운동을 했거든. 복근을 만들어야 했어. 크고 덜렁거리는 배 대신에 평평하고 탄탄한 배를 가지고 싶었어. 엉덩이는 안타깝게도 크게 할 방법이 없었지만 내 엉덩이를 볼 사람도 없었으니 신경을 쓰지 않았어. 아랫배 군살은 옷만 잘 코디 하면 가릴 수 있었어. 못생긴 손과 손톱은 소매가 긴 옷으로 해결했어. 소매를 끌어내리면 사람들 눈에 손과 손톱이 보이지 않으니까. 자줏빛 얼룩투성이 다리는 긴 바지를 입으니 간단히 해결됐고. 체육 시간에도 반바지는 입지 않았어.

체육 시간이 끝나면 잽싸게 샤워실로 뛰어갔어. 샤워는 항상 1등으로 마쳤지. 다른 아이들이 내 못난 몸을 보지 못하게 하려고. 보기 흉하게 생긴 발가락도 절대 들키지 말아야 했어. 다시 이야기하지만 코는 절대 옆에서 보지 못하게 했어. 이마에 난 여드름은 비스듬히 빗은 앞머리로 가릴 수 있었지. 사람들이 왜 그러고 다니는지 물어보면 고양이가 얼굴을 할퀴었다고 핑계를 댔어. 마침 고양이도 키우고 있었으니.

중학생이 되니까 많은 면에서 나의 부족한 부분들이 부끄러웠어. 사람들 앞에서 무슨 일만 생겼다 하면 자동적으로 수치심을 느꼈던 거 같아. 십대 때 친구들과 잘 어울리려면 매사에 과하게 말하고 행동해야 했던 거 같아. 여자아이들 중 절반은 몸이 이미 어른이 되어가고 있었고, 나머지 반은 세상 모든 것이 잘못되었다고 느꼈어. 우리들은 '여자 어른'에 가까울수록 좋아했고, 멀수록 해야 할 일이 많아졌어.

그러다 어느 시점에 내가 변해야 한다는 생각을 했어. 나는 깨달았어. 무엇을 해야 할 지가 갑자기 선명해졌어. 여자 어른은 화장을 하고 다리털을 밀고 옷을 멋지게 입고 다니는 사람이야. 그러니 나도 최대한 빨리 여자 어른이 되기로 했어. 마스카라와 아이라이너를 쓰기 시작했고 파운데이션도 샀어. 다른 아이들 피부는 매끄러운데 난 아주 울긋불긋했거든.

다리털도 밀었어. 그러고는 내 다리가 얼마나 매끈한지 친구와 수다를 떨었어. 그때 얼마나 행복하던지. 지금도 그때만 생각하면 기분이 좋아져. 사실은 새빨간 거짓말이야! 다리털 깎는 방법도 몰라서 물이랑 면도 크림 없이 다리털을 밀었거든. 내 다리는 붉고 따끔거리는 반점들로 가득해졌어. 너희는 나처럼 면도하면 절대 안 돼. 그때 난 사실 아무것도 몰랐어.

# 겨드랑이 털과 페미니즘

소셜 미디어에서 나를 팔로우 하는 어린 여자아이들이 가끔 질문을 해. "털을 밀지 않는 사람에 대해 어떻게 생각해?" 이건 치실을 쓰지 않는 사람에 대해 어떻게 생각하느냐는 질문과 같아. 아주 상쾌한 기분을 포기하는 걸 수도 있어. 그렇지만 털을 미는 사람은 꽤 웃기는 바보 같은 사람인 것 같아. 성가신 걸 좋아하고, 파스타보다 곁들여 먹는 감자를 더 좋아하는 사람들처럼 말이야. 털을 밀 때마다 기분이 좋아질 테니, 그들은 아마 정기적으로 바보가 될 거야.

2012년 봄에 유로비전 송 콘테스트는 스웨덴에서 가장 뜨거운 이슈였어. 로렌이 스웨덴 대표로 선출이 되었어. 그녀는 우승할 만큼 노래를 잘했으니까. 많은 사람들이 그녀가 나타날 때마다 환호했어. 스웨덴 지상파 방송이 그 순간을 중계했어. 방송 카메라에 열

광하는 여성 팬의 모습이 2초 동안 잡혔어. 그때 그녀의 겨드랑이 털이 보인 거야. 사람들은 그녀가 누군지도 몰랐지만 SNS에서 계속 비난을 해댔어. 이 여성은 예수를 배신한 유다보다 더 증오의 대상이 되었지. 2년 뒤인 2014년 2월, 누르 엘 레파이가 유로 비전 송 콘테스트에 온 4만 명 관객 앞에서 자신의 팔을 1초 간 들어 올릴 때도 비슷한 일이 벌어졌어. 여성 연예인이 겨드랑이 털을 깎지 않은 게 엄청난 화젯거리가 되었어. SNS에서 어떤 사람은 핫한 방송에서 여성의 겨드랑이 털을 너무 많이 봤다고 비난하는 글을 올렸고, 또 어떤 사람은 그녀의 용기에 박수를 보낸다고 지지하는 글을 올렸어. 그런데 그 가수의 SNS 게시글은 아주 문학적이었지. "내가 그런 게 아니야. 우리의 진화가 그렇게 한 거지."

# 겨드랑이 털에게도 자유와 평화를!

열세 살 때 나는 내가 다 컸다고 생각했어. 동갑내기 여자 친구들도 어른이 된 줄 알았어. 체모가 지저분하게 나 있는 것을 확인했거든. 한 번은 우리 반 한 남자아이의 다리를 봤어. 반들반들한 것이 광택이 났어. 마치 왁싱을 한 것 같았지. 우리는 그게 너무 웃겨서 웃다가 눈물까지 흘렸어. 그렇게 눈물 흘린 날 아이러니하게도 나는 샤워하며 기도했어. "상처 없이 깔끔하게 털 깎을 수 있도록 도와주세요!"

고등학생이 되고나서는 난 예전처럼 자주 다리와 겨드랑이 털을 깎지 않게 되었어. 털이 너무 빨리 자라 이틀에 한 번씩 깎아야 하겠더라고. 이틀에 한 번씩 제모라니! 너무 힘들잖아. 그리고 운 좋게도 우리 반 아이들은 성격이 털털한 편이었어. 더운 봄에 털이 복슬복슬한 다리로 학교에 가도 불안하지는 않았지. 그래도 민소매

쟤
겨드랑이털 좀 봐!
ㅋㅋㅋㅋ
ㅇㅇ
너도 있잖아.

셔츠를 입고 수업을 들을 때는 조금 불안하긴 했어. 손을 들면 사람들이 내 겨드랑이 정글숲을 어떻게 볼지 늘 걱정이었지.

고등학교를 졸업한 어느 날, 한 가지 생각이 떠올랐어. 털은 사실 그렇게 지저분한 게 아니잖아. 물론 털이 지저분하다고 생각하는 사람들도 있어. 그런 사람들은 자신의 겨드랑이에 털이 있는지 늘 살펴보는 게 좋을 거야. 남의 겨드랑이에 대해 뭐라고 하기 전에 늘 먼저 자기 겨드랑이를 들여다봐야지. 그렇게 신경 쓰며 살다간 스트레스가 심해질 거야.

난 털을 깎는 것도 나쁘지 않다고 생각해. 털을 깎지 않으면 더 좋고! 장담하건대 털을 깎지 않으면 겨드랑이에 평화가 찾아올 거야. 너희 얼굴에 내 겨드랑이를 들이밀지는 않을 테니 너무 걱정하지 마. 어떤 사람이 털북숭이 겨드랑이를 남의 얼굴에 들이밀고 다니겠어. 사실 체형 상 그러기도 아주 어려운 일이야. 내 몸은 좀 작은 편이라, 누군가의 얼굴에다 내 겨드랑이를 가져다대는 건 꽤 힘든 일이야. 겨드랑이에 털이 있으면 그냥 보는 게 조금 불편할 수도 있어. 그렇다고 겨드랑이에 털이 있는 게 죄는 아니잖아.

# 남자는 그냥 남자, 여자는 신체 부위!

남자와 여자를 바라보는 시각에는 몇 가지 차이가 있어. 그 중 한 가지는 남자는 그냥 남자이고, 여자는 신체 부위라는 거야. 사람들은 여성을 가슴과 허벅지와 배와 입술과 머리카락으로 나눠. 또 골반과 손톱과 눈으로 나눠. 그리고 각각의 신체 부위마다 모두 이상형을 정해놨어. 배는 홀쭉하고 가슴은 크고 허벅지는 매끈하고 입술은 도톰해야 해. 사실 이상형이라기보단 신체 부위별 법률이 있는 것 같아. 모두가 법을 지켜야 한다고 난리거든. 지키지 못하면 숨기려고 노력하지.

사람들이 원하는 거는 원하게 놔두고, 내 몸에 대해서는 내 마음대로 생각해도 된다는 것을 어른이 돼서 깨달았어. 돌이켜 보면 나는 늘 내 몸에 대해 굉장히 자존감이 낮았어. 가끔 나는 거울 앞에 서서 펑펑 울다가 얼굴이 퉁퉁 붓기도 했지. 샤워할 때마다 마음에 들지 않는 내 몸을 보는 건 정말 고통스러운 일이었어. 사실 다른 사람들은 내 몸을 그다지 이상하게 보진 않았어. 어쩌면 아무도 내 몸에 관심을 갖지 않았을지도 몰라. 모두 자기 몸을 보는 것만으로도 시간이 부족했을 테니.

이상적인 신체 부위를 다 모아놓은 몸은 이 세상에 존재하지 않아. 그냥 다들 조금씩 다르게 생긴 것뿐이잖아. 그런데 '내 몸은 왜 이럴까' 하는 자책감을 가지고 거울 앞에 옷을 벗고 서 있으면, 나는 정말 나약하고 불쌍한 존재가 되어버려. 내가 가장 많이 만나는 게 나인데 내가 나를 싫어한다면, 정말 끔찍한 삶이 될 거야.

어느 날 난 샤워를 하다가 뒤통수를 맞는 기분이 들었어. 머리 감느라 고개를 숙이니 낯선 배가 눈에 띄었어. 살이 없어진 배가 말이야. 한 십 분 정도 생각했어. 분명히 풍성한 뱃살이 있었는데 홀쭉해졌으니 얼마나 신기하겠니. 사실은 내 몸은 하나도 바뀌지 않았어. 어찌 보면 더 나빠졌을지도 몰라. 그때는 3월이었거든. 겨드랑이 털을 밀지 않은 지도 다섯 달이 다 되어가고 다리털은 일 년 넘게 깎지 않았어. 몇 센티미터는 자란 다리털을 손으로 만지는 기분은 꽤 좋았어. 익숙하지 않은 느낌에 신기하기도 했고. 그 거무스름하면서도 금빛이 도는 폭신한 털들을 보며 불현듯 깨달음을 얻었어. 정상적인 털은 없다는 걸. 다만 털이 자라야 할 곳에서 자라야 정상적이라는 것을 깨달았어. 게다가 배꼽 아래 접히는 살도 한심하고 이상해 보일 수 있지만, 그 살들은 내가 정상적으로 살고 있는 증거라는 걸 알게 됐어. 가슴이 닥스훈트 귀처럼 축 쳐져 있는 게 이상해보일 수 있지만, 나중에 아이를 낳으면 그 녀석에게 내 가슴 모양은 별로 중요하지 않다는 것도. 울긋불긋한 피부가 이상해 보이지만 화장을 하지 않았을 때 거울에 비친 내가 진짜 나라는 것도. 그 모든 것이 나이며 다 정상적이라는 걸 깨달았어. 다른 사람의 시선이 아니라, 내가 내 몸을 어떻게 보는지가 중요하다는 것을 알게 된 거지. 그런 뒤부터 내 뱃살은 나한테 별로 중요하지 않게 된 거야.

# 나에게 스며든 사회적 여성상

내가 이상적으로 생각하는 외모에 대한 생각이 어디에서 시작되었는지 별로 생각해본 적이 없었어. 왜 내가 완벽한 몸매를 만들어 결국 다른 사람에게 보여줘야 하는지, 한 번도 따져본 적이 없었어. 내 몸은 살아 있고 완전히 정상적이라는 사실을 잊고 살았던 거지. 트위터 태그 중에 '#Hairriot'이란 말이 있어. Hair riot, 즉 체모 폭동이란 말이야. 체모를 숨기지 말고 당당하게 보여주자는 사람들끼리 트위터에서 하는 일종의 운동이야. 트위터에서 #Hairriot이 트렌드가 되어가는 동안 나도 'body riot'(몸 폭동)을 경험하고 있었어. 정말 멋지지 않니? 그리고 난 엄청나게 화가 났어. 왜냐하면 사회 분위기와 불문율 같은 것들이 허락도 안 받고 우리 머릿속에 들어와 있잖아. 게다가 그놈들 때문에 우리는 우리 자신을 싫어하기까지 하잖아. 더 화가 나는 건 이 모든 잘못된 생각을 누군가가

내 몸과 마음은

내 방식으로 존중하는 거야!

아무도 모르게 우리에게 심어놓았다는 거야. 사기당한 것 같은 느낌이었지.

난 모든 것에 저항해 반란을 일으킬 수도 있었어. 사회에서 정한 이상형을 부정하고 나도 모르게 아주 오래 전부터 믿어왔던 것들을 버릴 수도 있었지. 여자라면 어떤 모습이어야 한다고 정한 수많은 규칙과 코드를 한주먹에 깨뜨릴 수 있을 것 같았어. 다리털 밀기, 화장하기, 머리 손질하기, 섹시한 옷 사기를 모두 그만두면 어떻게 될까 궁금했어. 내 무너진 자존감이 다시 살아나서 멋지지 않은 내 몸을 있는 그대로 받아들일 수 있을까 궁금해졌지. 글쎄, 그럴 수도 있고 아닐 수도 있겠지. 사실 잘 모르겠어. 어쨌든 상관없어. 화장을 그만두고 싶지도 않았고 예쁜 옷 사는 것도 그만두고 싶지 않았거든. 아직은 여성이 어떤 모습으로 어떻게 살아야 하는지를 끊임없이 강요하는 세상이잖아. 내가 이런 곳에서 성장해서 그런 걸까. 내가 살아오는 동안 사회가 인정하는 여성상을 따라야 한다고 세뇌되어서 그런 걸 수도 있어. 그러나 이젠 사회가 바라는 과도한 요구들까지 받아들이려고 애쓰지는 않기로 했어. 최소한 내 몸과 마음은 내 방식으로 존중하며 바라볼 거야.

처음에 페미니즘이 나를 가장 혼란스럽게 하는 것이 바로 이 지점이었어. 사회에서 제시한 여성상과 내가 자유롭게 선택한 정체성. 이 두 세상이 상충하며 나를 혼란스럽게 했지. 어떤 사회든 그 사회가 지향하는, 바람직한 삶에 대한 기준이 있어. 그 기준은 사회제도, 규칙, 교육 등 그 사회의 문화 전반에 다양하게 적용되어 알게 모르게 우리 뇌와 마음에 가치 기준으로 자리하고 있을 거야. 그래서 대부분의 사람들은 가능하면 그 기준에 부합하는 삶을 살아가려 노력해. 물론 어떤 사람들은 최소한의 기준만 따르고 싶어 하고, 다른 잣대로 보며 의심스럽게 여기는 부분도 있을 거야. 예를 들어 역사적으로 보면 많은 사회의 가치 기준과 잣대와 문화가 여성을 의도적으로 탄압하는 방향으로 형성되었어. 지금까지 살펴본 바로도 알 수 있겠지. 사회의 잣대를 벗어나 우리 사회를 객관적으로 바라보는 것은 중요한 일이야. 그리고 나는 그 사회의 잘못된 부분을 깨뜨리려는 시도를 하는 게 얼마나 중요한 일인지 알고 있어. 페미니즘이 나를 혼란스럽게 한 게 뭔지 이해하겠어? 바로 그동안 만들어져 온 내 정체성이 흔들렸기 때문이야.

## 사회 통념을 깨는 생리와 털!

생리도 마찬가지야. 누군가 내게 "너, 생리하니?" 하고 물으면 어떻게 대답해야 할까? 그냥 "어, 생리해." 혹은 "아니, 안 해." 개인적으로 이렇게 대답할 수 있어. 생리, 그게 뭐라고. 수치심을 느낄 필요도 없잖아. 솔직하게 사실 그대로 대답할 수 있지. 그런데 이렇게 대답하고 나면 다른 이야기는 거의 꺼내지 못하게 돼. "내 기분이 안 좋은 건 생리 때문이 아니야!" 혹은 "이 모든 게 생리 탓이라는 거야?" 또는 "네 의견이 잘못된 거지 내 생리는 아무 문제없거든!" 이렇게 생리가 우리 감정을 좌지우지하지 않는다고 말해줘야 하는데 말이야. 여성을 비하하거나 비난하는 도구로 생리를 이용하지 말라고 제대로 말해줘야 하거든.

이와 같은 사회의 잘못된 인식을 바로잡으려 하지 않고, 개인적인 수준에서만 대답을 하게 되면 앞으로도 변화는 없을 거야. 가치

중립적인 질문에 답하듯이 반감을 드러내지 않고 이 질문에 개인적인 대답만 하고 넘어가면, 앞으로도 남성들은 생리를 모욕적으로 대하게 될 거야. 남성들의 문제가 아니라 받아들이는 여성들의 문제라면서 말이야. 그렇게 되면 우리 여성은 남성중심 사회가 요구하는 것을 그대로 따르는 노예가 될지도 몰라. 나는 시키는 것만 해야 하는 사람, 아니 개가 될지도 모르지. 내가 무슨 말을 하는지 알겠지?

잘못된 사회 통념을 깨는 것은 멋진 일이야. 나는 내 겨드랑이 털이 계속 자라게 둘 거야. 깎지 않은 털을 가지고 야단스럽게 논쟁을 하는 건 진짜 웃기는 일이지 않아? 언젠가 한 남자가 덥수룩한

눈썹을 가졌다고 온 국민이 들고일어나 비난하는 날도 흥미진진하게 기다려 보자고.

겨드랑이 털 기르기 말고도 나는 계획하는 일이 또 있어. 일종의 일탈이겠지만 아주 비밀스럽게 내 모든 신체 부위에 난 털을 깎지 않고 놔둘 거야. 내가 텔레비전에 나올 정도로 유명 인사가 되면, 유로비전 송 콘테스트보다 다섯 배는 시청률이 높고 북유럽 전체에서 시청률이 최고로 높은 '클라라 토크쇼' 생방송에서 시청자들이 전혀 예상하지 못한 때 내 두 팔을 들어 올릴 거야. 그러면 사람들은 극심한 충격에 빠지겠지. 너무 충격이 심해서 사람들이 오히려 극단적 페미니스트를 강력하게 지지하게 될지도 몰라.

# 사회가 인정해야 건강한 몸?

내게 가끔 인터뷰 요청이 들어와. 그때 가장 자주 듣는 질문이 몸매 유지 비결에 대한 거야. 세상에서 제일 한심한 질문이지. 10년 뒤 내 모습이 어떨지 묻는 질문 다음으로 말이야. 도저히 대답이 불가능한 질문이잖아. 이런 질문 정말 싫어! 왜냐하면 난 다이어트 전문가도 대변인도 아니거든. 내가 단지 조금 말랐다는 이유로 내 몸매가 이상적이라고 생각하는 거지. 난 정기적으로 운동을 하는 편이지만 이런 질문에 답하기는 싫어. 그래서 난 그냥 좋은 유전자를 갖고 태어났다고 말해. 그 있잖아 왜. "아무리 먹어도 살이 안 쪄요." 같은 말. 기자들이 기대한 답은 아니지. 그래서인지 집요하게 질문해 와. 내가 얼마나 자주 운동하는지 계속해서 물어보거든. 내가 어떤 운동을 어떻게 하는지 알고 싶어 하는 기자들을 따돌리기란 사실 불가능해. 한 번은 그냥 감자칩을 좋아한다고 대답한 적이 있어. 그랬더니 아주 한심하다는 표정으로 딱딱하게 말하더라고. "감자칩을 먹는 것이 어떻게 좋은 몸매를 유지하는지에 대해 적절한 답이 될 수 있나요?"

왜 내가 완벽한 몸매를 가져야 하는데? 내게 꼭 몸매 유지 비결이 있어야 하니? 내가 완벽한 몸매를 가졌는지 그들이 어떻게 아는데? 왜 내가 한 해 평균 감자칩 52봉지를 혼자서 다 먹어치운다고 생각하지 않는 거야? 모두가 생각하는 완벽한 몸매는 도대체 뭐야? 자, 자! 진정하고. 이제부터 내가 생각한 걸 이야기해줄게.

우리 사회가 바라고 원하는 여성과 건강에 대한 모습은 이런 거 같아. 일단 몸매는 완벽할 필요는 없지만 말라야 해. 최악은 뚱뚱해지는 건데 뚱뚱하다는 건 "절대, 안 돼!"랑 같은 말이야. 심하게 표현하면 뚱뚱한 여자는 여자가 아니라고 말하는 거야. 임신한 게 아니라면 말이지. 그때는 괜찮아. 아이를 낳은 뒤 다시 또 날씬해지면 되거든. 레이디 가가가 머리 스타일을 바꾸는 속도보다 출산 뒤에 살 빼는 속도가 빨라야 해. 그리고 비만은 건강의 적이라고 말해. 건강이라는 말에 왜 그렇게 모든 매체가 난리인지 몰라. 신문과 잡지에서는 탄탄한 허벅지를 만드는 운동 팁을 매번 알려줘. 온갖 인터넷 사이트와 SNS에서는 건강을 위한 맛있는 식단을 경쟁적으로 소개해. 건강한 라이프 스타일에 올인하는 인스타그램 사진들의 양은 빛의 속도로 늘고 있어.

물론 건강하다는 것은 정말 좋은 일이지! 자신의 몸을 가꾸고 건강한 삶을 사는 것은 전혀 부끄럽거나 잘못된 일이 아니야. 그렇게 하고 있다면 너희들은 대단한 거야. 건강을 위해 일주일에 딱 한 번만 감자칩을 먹는 너희들은 정말 대단한 사람들이야. 그렇지만 내가 진짜 싫어하는 게 있어. 흔히들 잘못 알고 있는 고정관념 같은 거야. '날씬하면 건강하다.'는 것. 어쩌다 이렇게 생각하게 되었을까? 뚱뚱한 사람은 건강한 삶을 살 수 없다고 말하는 것 같잖아.

정말일까? 뚱뚱한 사람은 지나치게 많이 먹고 너무 적게 움직일 테니 전반적으로 건강하지 못하다는 생각. 이런 생각은 우리 머릿속에 깊이 새겨진 우월의식에서 나오는 거 같아. 왜 재보단 내가 더 낫다는 그런 생각 있잖아. 심지어 지금 세상에서는 뚱뚱하면 삶에 실패한 거라고까지 생각해.

물론 건강은 중요해. 그런데 뚱뚱하다고 해서 늘 자신의 몸에 불만을 가져야 하는 거야? 뚱뚱한데도 체중을 줄이려 하지 않는 건 있을 수 없는 일인 거야? 그래서 뚱뚱한 사람들은 탄력 있는 허벅지를 만들기 위해 운동을 열심히 해야 하고 다이어트도 해야만 해? 그렇게 고생하면서도 날씬하지 않으면 행복할 수 없기 때문에 계속 불행하게 느끼면서?

좀 이기적으로 들리겠지만 난 괜찮아. 나는 다른 사람들이 보기에 날씬하거든. 아무리 내가 군것질을 많이 해도 괜찮아. 이미 사람들은 내가 날씬하다는 이유로 건강에 관심이 많은 사람이라고 믿어. 날씬하기만 하면 난 건강한 거고 눈치 보지 않고 뭐든 먹어도 돼. 일석이조야. 날씬하기만 하면 사람들은 날 멋진 사람이라고 생각하니까. 난 내 몸을 완벽하게 관리하고 있는 거니까. 같은 이유로

과체중 여자아이는 감자칩 먹는 모습을 절대로 인터넷에 올리지는 못할 거야. 그랬다간 사이버 테러를 당할 테니깐. 요즘 사회는 과체중에 대한 두려움이 도를 넘었어. 뚱뚱한 여자가 자신의 몸에 대해 자신감을 보이거나 만족해하면 꼴불견이라고 생각할 거야.

너희가 명심해야 할 이야기가 있어. 누군가 "난 정말 뚱뚱해!" 하고 말하면 그 말을 들은 사람은 그에게 위로의 말을 해주려 하잖아. 보통 이렇게 이야기할 거야. "아니야, 넌 생각보다 날씬해!" 하고. 그렇지만 사실 이건 위로가 안 되는 말이야. 차라리 "그렇긴 해. 하지만 넌 아주 예뻐!"라는 말을 해줘. 뚱뚱하다는 건 예쁘지 않다는 말이 아니니까. 그리고 뚱뚱하다는 말이 놀릴 때 쓰는 말이 되어서는 절대 안 돼! 꼭 기억해! 언젠가 10년 뒤쯤 내가 훌륭한 신진대사율과 작별 인사를 하고 뚱뚱해져도 난 여전히 유튜브에 감자칩을 먹는 동영상을 올릴 거야. 감자칩이 아주 맛있다고 말하는 동영상을. 야호!

# 생리가 부르는 페미니즘

지금까지 페미니즘과 사회적 잣대, 몸에 대한 집착에 대해 이야기한 게 생리랑 무슨 상관이 있나 싶지? 사실 상관이 있어. 아니, 상관이 아주 많아. 페미니즘과 생리는 손을 꼭 잡고 어디든 같이 가게 되거든. 그 길 끝에는 생리혈이 길게 줄을 서 있고, 생리컵이 양쪽에서 즐겁게 응원하고 있을 거야. 그러면 핏빛 석양을 바라보면서 페미니즘과 생리는 아름다운 미래를 그리며 서로에게 속삭이게 될 거야. 내 머릿속에선 막 이렇게 그려지는데, 너흰 어떠니?

생리를 시작하면 네가 성장하고 있다는 표식을 눈으로 확인하게 되는 거야. 키 크는 건 눈으로 확인할 수 없지만 생리는 달라. 영원히 어린 소녀로 남고 싶겠지만, 팬티에 생리혈이 닿는 순간 소녀로 다시 돌아갈 수 없어. 생리는 네가 아이 낳을 준비가 되었다는 것을 말해주는 거잖아.

완전 성장한 거야. 물론 열세 살에 아이를 낳으라는 말은 '절대' 아니야. 사춘기가 몸을 천천히 변화시키는 거지. 자궁 보유자는 골반이 넓어지고 가슴은 커지게 돼. 생리를 시작하면 예전에는 자라지 않던 자리에 털도 나기 시작해. 그리고 이쯤에서 바로 페미니즘이 입장해. 그러면 모든 페미니스트들이 마주하는 의문과 이슈들, 또 그에 대한 다양한 의견들을 접하며 페미니즘에 대한 자신의 견해를 갖게 돼.

지금 내가 중요하다고 여기는 것도 나이가 들면 아주 엉터리 같은 거였다고 생각할 수 있어. 만약 내가 마흔 살이 되어서 이 글을 읽는다면 한숨부터 나올지도 몰라. 스무 살 클라라는 왜 그렇게 질에서 나오는 피에 혈안이 되어있었는지 도무지 모르겠다고 할 확률이 꽤 높아. 어느 정도는 그렇게 되길 바라기도 해. 20년 뒤엔 생리가 아주 자연스럽고 공개적인 일이 되어버려서 내가 지금 매달리는 일들이 소용없게 되길 바라. 생리가 자궁 보유자에게 더 이상 불안하고 불편한 일이 아니라 안정감과 자랑스러움을 주는 대상이 된다면 지금 벌이는 나의 생리 투쟁은 성공한 거니까 말이야.

나는 내 골반이 넓어도 좋고 좁아도 좋아. 내 골반이니까. 이게 내 페미니즘 정신이야. 신체 부위를 평가하는 기준을 없애는 것, 그게 내 페미니즘의 시작이야. 가슴은 그냥 가슴이야. 가슴은 그저 후손에게 젖을 주는 신체의 부분일 뿐이야. SNS에 여성의 젖꼭지 사진이 올라오면 삭제하지만 남성들의 젖꼭지 사진은 그냥 나두잖아. 이건 아주 어처구니없는 일 아니니? 털들은 어디든 자라난 곳에서 그냥 계속 있을 수 있으면 좋겠어. 누군가 아침에 일어나 "흠, 오늘부터 난 겨드랑이 털을 밀지 않겠어." 하고 말하며 실제로 그렇게 할 수 있기를 기대해. 생리 때문에 부끄러워할 필요도 없고, 생리 때문에 차별받지 않았으면 좋겠어. 모두에게 생리가 그저 평범한 신체 현상으로 받아들여졌으면 좋겠어.

# 내 몸은 페미니즘 게시판?

잘 생각해 보면 내 몸 전체가 바로 페미니즘 게시판이야. 하나밖에 없는 거대한 게시판이지. 이 게시판에 나는 내가 해방시키고 싶은 신체 부위마다 포스트잇을 붙이고 핀으로 고정시켜놓고 싶어. 피부에다 핀을 꽂는 게 아프지만 않았어도 너희는 유튜브에서 이 게시판을 볼 수 있었을 텐데. 아쉽게도 핀을 꽂으면 신체 부위를 해방시키는 게 아니라 고통을 주는 행위니까 어쩔 수 없지.

페미니즘을 이해하기 시작하면서 생각이 훨씬 더 많아졌어. 페미니스트가 되면 뭔가 확실해질 줄 알았는데 모든 게 더 복잡해지더라고. 당연하다고 생각하던 것들에 물음표를 달기 시작했지. 이제는 모든 게 다 의심스러워. 예를 들어 왜 남자들이 손톱을 기르면 징그럽게 보이고 여자들이 그렇게 하면 예쁘게 보이는 걸까? 왜 여성의 젖꼭지는 섹시하게 보이고 남자들 건 그렇지 않지? 왜 화장은 대부분

여자들이 하지? 이런 것들에 대해 생각해보다가 그냥 결론을 내렸어. 남자도 손톱을 기르고, 남자 젖꼭지도 섹시할 수 있고, 남자도 화장할 수 있잖아. 그렇게 결론내리며 나도 달라지기로 결심했던 거야.

하나씩 시도했어. 일단 다리털 깎는 걸 그만두었어. 몸매에 신경 쓰는 것도 그만두고. 브래지어도 하지 않았어. 가슴이 작기도 하고 훨씬 편하니까. 앉을 때 배가 접혀도 신경 쓰지 않기로 했어. 생리를 안 하는 척하는 것도 그만두었어. 내 페미니즘은 별거 없어. 내 몸을 있는 그대로 놔두는 거야. 내 신체 부위를 사회적인 시선에 가두지 않고 원래 가지고 있는 모습 그대로 놔두면 돼. 지금까지 그렇게 하며 살고 있어.

수고했어, 클라라! 나에게 하이파이브! 마침내 내 몸은 나의 것, 유일하게 나만이 가질 수 있는 것, 심지어 내가 가진 최고의 것이 된 거야. 너희도 나처럼 해봐. 이걸 온몸으로 이해하면 정말 기분이 좋아지거든. 내 몸은 내 마음대로 할 테다, 내 거니까! 내 방을 내 마음대로 쓰고 꾸며도 되잖아. 내 방은 내 거니까! 그렇지, 엄마? 방바닥에 여기저기 옷 벗어놨다고 뭐라 하지 마. 알겠지?

6장

# 생리 생활자를 위한 지혜

난 운 좋게도 꽤 규칙적으로 생리를 하는 편이야.

8년이나 생리혈을 지속적으로 배출한 뒤에

나는 생리가 편해지는 10가지 방법을 찾아냈어.

다른 말로 하면 생리할 때 조금 더 행복한 사람이 되는 방법 말이야.

기대해도 좋아.

# 알지만 힘든 너, 생리!

내게 생리는 여전히 힘들어. 물론 힘들지 않은 사람도 있을 거야. 하지만 대다수에겐 힘든 일일 거야. 생리 하는 걸 좋아하는 사람이 한 사람이면, 생리하는 걸 싫어하는 사람은 백 명은 될 거야. 그래, 통계 자료가 있는 건 아니지만 친구들한테 물어보면 아마 대부분은 생리 하는 게 힘들다고 대답할 거야. 내가 아무리 생리의 신성함에 대해 글을 쓰고, 또 우리가 느끼는 수치심이 사실은 전혀 불필요한 것이라고, 생리는 멋진 거라고 말을 해도 매달 겪는 생리 기간이 좋아지지는 않을 거야. 생리는 개인적으로 정말 불편한 일이거든. 생리를 안 할 때가 얼마나 편한지 우리는 너무 잘 알고 있잖아.

내가 생리 초보자였을 때와 비교하면 지금은 생리에 대해 100배는 더 잘 알아. 마음도 많이 안정되었지. 그래도 생리대 가는 것, 생리통, 생리혈이 샐지도 모른다는 불안감 등등 생리가 힘겨운 증거는 너무 많아. 나도 이런 상황에서 자유로울 순 없어. 힘들어! 힘들다고! 힘들다니까!

생리가 시작될 때 피 몇 방울이 팬티를 적시면 한숨이 저절로 나와. 막 생리를 시작한 사람들의 목소리는 거의 자포자기 상태에 있는 것처럼 들려. 나는 그런 목소리를 들을 때면 코끝이 찡해와. 연민이 느껴져. 생리가 힘든 이유를 다 아는데도 생리를 할 때마다 똑같이 힘들어. 가끔은 이전 달보다 더 힘들 때도 있어. 하지만 자신을 가엾게 여기면 꽤 편안한 기분이 들기도 해.

"오, 이런. 다음 주에 생리 시작하겠네! 다음 주에 화장실에 자주 드나들게 생겼어. 중간 휴식 없이 이어지는 중요한 회의도 있는데 어쩌지? 회의 시작 전에 꼭 탐폰을 새 걸로 갈아야 해. 잊어버리고 회의 도중에 화장실에 가야 하는 상황을 만들면 절대 안 돼. 아, 스트레스 받아!" 또는 "오, 이런! 그리스 여행 가는 주에 생리 시작할 것 같아! 그리스에는 공중화장실도 거의 없잖아! 아, 어떡해!" 우리 여성들에겐 이런 일들이 일상다반사지. 불쌍해!

스웨덴 사람들은 햇볕을 찾아 여행을 떠나. 스웨덴은 백야도 있지만 겨울이 아주 길어. 해가 떠 있는 시간이 남쪽 나라들보다 훨씬 더 적어. 햇볕을 쬐러 가는 휴가 계획을 잡았는데 그때가 하필 생리 주간이면 정말 안타깝지. 게다가 생리대를 사용하는 사람이라면 불쌍하기까지 해. 정말 짜증이 날 거야. 그러니 휴가를 계획하고 있다면 몇 달 전부터 가끔 탐폰이나 생리컵을 사용해 봐. 탐폰이나 생리컵을 사서 한번씩 연습해 봐야 해. 편해질 때까지. 탐폰이나 생리컵을 쓸 수 있으면 물에도 들어갈 수 있어. 뜨거운 해변에 누워있으면 생리대 안에 땀이 엄청 찰 거야. 그러니 탐폰이나 생리컵을 사용하도록 해봐. 휴가가 훨씬 즐거워질 거야.

# 생리를 즐길 수 있을까?

나는 한 가지 아이디어를 떠올렸어. '생리는 힘들지 않아!' 하고 최면을 거는 거야. 힘들다고 생각하면 더 힘들어지잖아! 그래도 생리는 힘들어. 그럴 때마다 있는 힘껏 생리가 힘들지 않다고 내게 최면을 걸어. 이게 무슨 이야긴지 헛갈리지? 나도 그래. 내 최종적인 목표는 이거야. 생리혈이 나올 때 이를 인식조차 못하는 경지. 생리혈이 부드럽게 마사지하듯 질을 따라 흘러나와서 생리대에 깃털처럼 가볍게 떨어지는 거야.

생리혈이 건강하고 보송보송한 면으로 된 패드에 퍼져나가며 시트 히터가 켜진 자동차 좌석처럼 내 질 주위를 따뜻하게 데워주는 거지. 어때? 이렇게 생리를 할 때 전혀 힘들어 하지 않고 그 과정을 즐겨야 해. 이게 내가 생각할 수 있는 최상의 상태야. 생리의 니르바나!

니르바나nirvana는 우리말로는 열반이라고 합니다. 불교에서 수행을 통해 진리를 체득하여 유혹과 집착을 끊고 일체의 속박에서 벗어난 최고의 경지에 오르는 걸 말합니다. <두산백과>(http://www.doopedia.co.kr) 참조.

이 상태를 목표로 두고 뚜벅뚜벅 걸어가는 거야. 한 번에 달성할 수 없으니까 중간 목표를 두는 게 좋아. 내 일차 목표는 생리할 때 느낌을 대변 볼 때랑 비슷하게 느끼게 되는 거야. 왜 대변 볼 때 느끼는 시원함 있잖아! 대변이 마려운 단계에서는 답답하고 배가 아프기도 해. 그래서 급하게 화장실 변기를 찾아가 앉을 때까지는 힘든 순간이 이어져. 하지만 결국 배출해 낼 때의 기분이란! 그건 아마 하루 중 느낄 수 있는 최고의 느낌일 거야. 바로 그 느낌을, 내가 지금 생리에서 얻어내려고 하는 거야. 가능할까? 흠!

아니면 기대치를 조금 낮춰볼까? 생리를 별로 좋아하지 않는다고 솔직히 말해도 돼. 그래도 쓰고 난 탐폰을 쓰레기통에 버리면서 이렇게 말하고 싶어. "이번에도 고마웠어. 내 베스트 프렌드는 아니지만 우리 사이는 꽤 가까워진 것 같아. 이제는 또 각자의 길을 가야지. 안녕, 잘 지내!" 나는 탐폰을 웃으면서 보내주고 싶어.

물론 이상과 현실이 다르다는 걸 우리는 잘 알아. 생리와 이런 정도로 친해지는 것도 그리 쉬운 일은 아니야. 나도 비슷해. 생리와 친해지려고 아무리 애를 쓰고 새로운 시도를 해봐도 어찌할 수 없는 감정이 있어. 생리할 때면 어디엔가 숨어있다 튀어나오는 수치심과 역겨움 말이야. 이 감정을 모른 체하는 것도 쉽지 않다는 걸 알아.

그래서 이번 장에서는 '생리와 친구 맺기'에 대해 이야기해보려고. 자, 여러분! 내가 자랑하는 생활의 지혜를 전수해줄게. '이런 제기랄, 생리 시작했는데 생리대가 없어!' 이런 상황에서 어떻게 대처하면 되는지도 알려줄게. 또 생리성차별주의가 어떤 건지도 더 알려줄게. 이번 장을 다 읽고 나면 여러분은 "와우!" "LOL" "오 마이 갓!"을 외치며 기분이 막 좋아지게 될 거야. 다 읽었는데도 기분이 그저 그렇다면 내 책임만은 아니야. 분명 너희가 대충 읽어서일 거야. 기분이 좋아질 때까지 읽고, 읽고, 또 읽어야 해. 그래도 안 된다면 유머 감각을 좀 키우던가.

# 생리 생활자를 위한 10가지 지혜

생리와 영원한 절친BFF(best friend forever)이 되기 위한 첫 단계는 생리의 좋은 점을 찾고 최대한 익숙해지는 거야. 생리를 찝찝하고, 불쾌하고, 고통스럽다고 생각하는 건 쉬워. 하지만 계속해서 그렇게 생각하면 결코 생리에 대해 긍정적일 수 없어. 난 운 좋게도 꽤 규칙적으로 생리를 하는 편이야. 8년이나 생리혈을 지속적으로 배출한 뒤에 나는 생리가 편해지는 10가지 방법을 찾아냈어. 다른 말로 하면 생리할 때 조금 더 행복한 사람이 되는 방법 말이야. 기대해도 좋아.

### 하나! 공중화장실 무료로 사용하기

밖에서 용변이 급하거나, 생리대를 갈아야 해서 화장실에 가야 하는데 동전이 없어. 아니면 돈을 내고 화장실에 가고 싶지 않아.

이럴 때 유용한 방법을 알려줄게. 일단 아무 가게에나 들어가서 계산대에 있는 여성을 찾아. 그리 어렵진 않을 거야. 확신을 가지고 과감하게 그녀에게 가서 물어봐. "실례합니다만, 지금 생리혈이 새서요. 화장실 좀 쓸 수 있을까요?" 생리대가 샐 때 얼마나 당황스러운지 자궁 보유자들은 잘 알고 있잖아. 별로 친절하지 않은 사람이라도 생리를 하는 동지라면 이 다급한 상황을 충분히 이해할 거야. 그런데 팬티에 생리혈이 떨어지려는 순간, 가게 점원이 안색 하나 바꾸지 않고 가게 물건을 구입해야지만 화장실을 쓸 수 있다고 말할 수도 있어. 그따위 말을 들으면 그냥 확 욕이라도 해주고 싶겠지만, 경찰서에서 그녀를 또 만날 수 있으니까 그냥 빨리 다른 가게로 이동해야 해. 그냥 손을 좀 씻고 싶을 때도 이 방법은 유용할 거야. 하지만 거짓말은 좀 그렇잖아! 어떤 경우에는 생리라는 말 자체를 싫어하는 사람도 있는데, 그런 점원은 화장실 사용료 5크로나 받는 걸 순간적으로 잊어버리기도 하더라고. 난 이 방법을 열 번도 더 사용해봤어. 매번 어김없이 성공했지!

💧스웨덴에는 돈을 내고 들어가는 공중화장실이 많습니다. 백화점이나 도서관에서도 화장실 입장료를 받습니다. 식당이나 카페 등에서는 손님에게만 화장실 비밀번호를 따로 알려줍니다.

### 둘! 피 잔치 없이 샤워하기

생리 중일 때 골치 아픈 순간이 있어. 샤워를 마치고 욕실에서 나와 옷을 갈아입으러 갈 때까지 과정이 그래. 화장실 바닥이며, 거실과 방바닥, 수건에까지 피가 묻는 경우가 있잖아. 나도 그런 적이 있어. 몸에 묻은 물기를 닦다 보면 수건에 피가 묻고, 또 새 생리대를 끼워 재빨리 팬티를 입는 사이에 이미 피가 바닥에 떨어져 있는 상황 말이야. 게다가 수건에 묻은 핏자국은 빨아도 지워지지가 않지. 너희들도 이런 상황에 대처하는 자신만의 방법이 있겠지? 너희 방법이 나보다 나을 수도 있어. 그러니까 내가 제시하는 방법이 최선이고 유일하다고 말하지는 않을 거야. 그냥 꽤 괜찮은 방법이라고 말할 수는 있어. 아직 생리를 한 번도 안 한 친구들을 위해 자세하게 적어볼게.

1. 팬티를 제외하고 옷을 모두 벗는다.
2. 화장실 변기에 앉는다.
3. 쓴 생리대는 쓰레기통에 버린다.
4. 팬티(또는 새 팬티)에 새 생리대를 부착한 뒤, 변기에 앉아서 팬티를 손에 닿는 위치에 놓아둔다.
5. 화장지로 동그란 공 두 개를 만든다.
6. 그 중 하나를 다리 사이에 끼워 피를 막고, 다른 하나는 손에 쥔다.
7. 변기에서 샤워기 쪽으로 이동한다.
8. 쥐고 있는 공을 샤워 후 사용할 수건 근처에 둔다.
9. 다리 사이의 공을 빼버리고 피가 흐르게 둔다.
10. 샤워를 한다.
11. 두 번째 공을 집어 다리 사이에 끼워 피를 막고 수건으로 몸을 닦는다.

12. 변기로 이동한 뒤 앉아서 공을 쓰레기통에 버린다.

13. 휴지로 한 번 더 아래쪽을 잘 닦아 준다.

14. 준비해 놓은 팬티를 입는다.

짜잔! 이렇게 하면 더 이상 핏자국을 여기저기 남기지 않게 될 거야. 아차! 잊어버리기 전에 말해 줄게. 샤워기 쪽으로 이동한 뒤에 빼버렸던 첫 번째 공 기억하지? 잘 찾아서 쓰레기통에 버려야 해. 내가 경험상 말하는데 특히 아빠 같은 사람들은 피 묻은 화장지 공을 밟고 절대 기분 좋아할 리가 없거든. 그게 딸의 피라도 말이야.

**셋! 생리 보상(선물) 하기**

생리를 영원한 '절친'으로 만드는 최고의 트릭 중에 하나야. 쉽게 말하면 너희가 개가 되어야 해. 자, 앉아! 손! 엎드려! 하하, 농담이야. 개를 훈련시킬 때 뭔가를 잘하면 간식이나 먹이를 주잖아. 그 방법을 자신에게 적용하는 거야. 내가 나한테 주는 선물이라고 생각하면 돼. 그런데 맨날 먹는 시리얼을 선물이라고 할 수는 없잖아. 생리를 하는 동안 조금은 특별한 것을 선물 받아야 기분이 좋아지지 않겠어? 그러니까 평소에 생리 때까지 아껴둘 것이 필요해.

예를 들어 아주 마음에 드는 셔츠를 샀다면 당장 입지 말고 아껴 둬. 맞아, 생리를 하는 날에 입는 거야. 비록 내 질에서는 피가 흘러나오겠지만 멋진 셔츠를 입은 기분은 꽤 괜찮을 거야. 아니면 먹다 남은 감자칩을 잘 포장해둬. 다 먹지 말고 며칠 뒤 생리를 할 때 먹을 걸 남겨둬. 생리를 시작한 날 감자칩을 또 먹을 수 있으니 기분이 좋아질 거야. 그러다 생리가 하루 늦어지면 그날 감자칩을 못 먹으니까 생리가 늦어진 게 짜증날 걸? 혹 감자칩이 싫으면 너희가 좋아하는 다른 걸로 무엇이든 정하면 돼. 먹던 과자를 남기는 게 구질구질 하다고? 그럼 너희가 좋아하는 간식을 새 걸로 준비하면 되잖아. 이렇게 천천히! 그렇지만 확실하게! 내 몸이 생리를 좋아할 수 있도록 해주는 거야. 매달 한 번씩 생일을 맞는 것과 같아. 매달 파티는 못하겠지만 괜찮지 않아?

### 넷! 생리전증후군 이용하기 1탄

지금까지 내 생리 인생에서 생리전증후군을 겪지 않은 적은 한 번도 없어. 생리 시작 전에는 늘 우울하고 몸도 피곤해. 그땐 하루 중 가장 의미 있는 일이라곤 침대에 누워 자는 것 말고는 없어. 생리전증후군을 겪는 날은 한 달 중 최악의 날이야. 삶이 지겨운 건 아닌데 도무지 무언가를 할 힘이 나질 않아. 평소에 솟구치는 창의성과 유머 감각이 완전히 사라져버려. 그 시기가 되면 유튜브에 올릴 동영상을 만드는 것도 버거워져. 매번 시도했지만 늘 실패했어. 시도할 때마다 결국 난 그냥 주저앉아 울어버렸어. 내 자신이 잘하는 건 하나도 없는 인간이라는 좌절감만 느껴지는 때야.

그런데 얼마 전 조세핀 퍼스도터 사회학 연구자와 생리에 대해서 이야기를 나눌 기회가 있었어. 대화 도중에 난 속으로 계속 '할렐루야'를 외쳤어. 그녀가 준 최고의 생리 팁은 생리전증후군을 겪을 때 영화관에 가라는 거였어. 극장에서 시간을 보내는 게 호르몬을 따라서 춤추는 것보다 훨씬 낫잖아. 슬픈 장면에서는 대성통곡을 하며 시원하게 울어버리면 되고 해피엔딩으로 끝나면 남은 하루를 행복한 기분으로 지낼 수 있으니까. 조세핀은 액션 영화 주인공처럼 악당들을 물리치는 게임을 해보는 것도 좋은 방법이라고 했어. 가상 세계지만 악당을 물리치는 건 생리전증후군 때문에 망가진 기분을 시원하게 만들어준대. 때로는 자기 안의 적에게 완벽한 패배감을 느낄 때 외부의 적을 물리치면서 우울함을 우주 밖으로 내쫓을 수 있다는 거야. 조세핀을 만나고 난 다음에 태어나서 처음으로 나는 생리전증후군이 찾아오길 기다렸다니까. 영화도 보고 게임도 해보고 싶어서. 이 방법이 정말 효과가 있을지 너무 궁금했거든. 설레었어. 잘하면 생리전증후군 때문에 인생 다 산 것처럼 우울해하지 않아도 되니까.

### 다섯! 생리전증후군 이용하기 2탄

생리가 시작되기 3일이나 4일 전에 내겐 생리전증후군이 찾아와. 그래서 정확히 언제 생리를 시작할 지 알 수 있어. 어느 날 갑자기 불안감이 엄습하면서 내가 다른 사람처럼 느껴지면 그때가 바로 생리전증후군을 만나는 시간이야. 생리전증후군이 나를 행복하게 만들 때도 있는데 그건 바로 그 녀석이 나와 이별할 때야.

생리통이 시작되면 그 녀석은 떠나가. 생리통은 그녀석의 선물 같아. 내가 먹다 남긴 감자칩 같은 거지. 생리통이 시작되면 아프면서도 안도감과 해방감이 밀려들어. "굿바이 생리전증후군, 헬로우 생리혈!" 뭐 이런 느낌이지. 어디에서 온 건지 모르겠지만 갑자기 삶이 기쁨으로 충만해져. 학교에서는 각종 창의적인 프로젝트에서 다시 맹활약을 펼칠 수 있어. 심지어 집안 청소를 하는데도 살짝 기뻐진다니까.

이 책의 대부분을 생리통이 가장 심한 생리 첫 날, 그러니까 생리전증후군 마지막 날에 썼다는 게 믿어지니? 사실 나도 믿기지가 않아. 만약 너희가 생리전증후군을 겪는다면 나처럼 그와의 이별을 맘껏 즐기며 기쁜 마음으로 하고 싶은 일을 시도해보길 바라.

### 여섯! 생리 팬티 정하기

여성이라면 '생리 팬티'에 대해 들어본 적 있을 거야. 특별한 기능을 가진 팬티야. 절대 예쁘진 않아. 입고 거울을 보면 으으…, 조금 끔찍해 보여. 그래서 난 늘 속옷 서랍 맨 밑에 숨겨둬. 얘는 그렇게 눈에 안 띄게 있다가 한 달에 며칠은 빛을 봐. 미소 지으며 당당하게 뛰어나온다니까.

예쁘면서 옷맵시를 살려주는 끈 팬티는 불편하고, 못생기고 커다랗고 낡은 면 팬티는 입고 다니기 편하잖아. 그러니 한 달에 삼주 동안은 끈 팬티를 입고 일주일은 낡은 면 팬티를 입는 거지. 생리 때문에 힘드니까 일주일 정도는 내 속옷 패션이 망가져도 좋지 뭐. 어차피 그 일주일은 목욕탕에도 못가고 다른 사람 앞에서 옷 벗을 일도 없을 테니까 말이야. 생리 팬티는 나처럼 생리혈 양이 많은 사람에게는 아주 괜찮은 아이템이야. 내가 막 생리를 시작할 무렵에 내게는 갈색 빛깔 터키석 문양으로 장식된 팬티 두 장이 있었어. 물론 다른 팬티도 아주 많이 있었지.

신기한 것은 이 팬티를 입을 때마다 생리혈이 바깥으로 새어나왔어. 그렇게 몇 해가 지나고서도 속옷 서랍에서 이 팬티가 눈에 띄면 "흠, 이 팬티군. 오늘도 생리혈이 새어 나오겠는걸." 하고 생각했어. 당연히 결과는 빗나간 적이 없었지. 정말 신기한 팬티야. 결국 난 생리 첫 날 밤엔 이 갈색 빛깔 터키석 문양 팬티만 입기로 결정했어. 어차피 생리 첫 날 밤엔 생리혈이 많이 새어나오니까. 그리고 꽤 오랫동안 입어서 세탁을 해도 핏자국이 곳곳에 남아 있으니 아침에 일어나서 팬티를 또 버렸다고 걱정할 필요도 없고 아까워하지 않아도 돼. 내 생리 첫 날은 생리혈 양이 많아서 침대 매트리스까지 버릴 수도 있거든. 그래서 수건도 깔고 자니깐 뭐.

내가 이렇게 길게 떠드는 건 낡은 팬티라고 버리지 말고 너만의 생리 팬티로 만들라는 거야. 디자인 상관없이 피가 묻어도 괜찮은 팬티로 말이야. 좋게 생각해. 늘 입던 팬티니까 익숙해서 편할 거야. 난 이 생리 팬티를 입고 있으면 어쩐지 기분이 좋아져. 생리혈이 생리대를 비집고 나와서 팬티에 디자인을 하고 있다고 생각해 봐. 그것도 매달 다른 문양을 남기고 있으니 정말 패션 죽이지 않니? 내가 너무 나갔나? 어쨌든 평소 좋아하는 팬티에는 핏자국을 남기지 않아도 되잖아. 잘 생각해 봐!

### 일곱! 수면용 생리대와 모험하기

수면용 생리대는 정말이지 대단한 발명품이야. 생리혈 양이 많은 날에는 언제 생리대를 갈아야 할지 잘 계산해야 해. 그런 날 특히 밤에 잠잘 때 일반 생리대를 하고 자다가는 팬티 밖으로 생리혈이 흘러나올 가능성이 높아. 그럴 때 필요한 게 수면용(오버나이트) 생리대야. 이 녀석은 한밤중에 생리대 갈려고 알람을 맞춰놓지 않아도 돼. 8시간 동안 푹 자도 될 만큼 엄청난 흡수력을 가졌어. 생리혈 양이 작아서 어떤 생리대를 해도 신경 쓰지 않고 잘 수 있는 사람도 있을 거야. 그 사람들은 수면용 생리대가 오히려 불편할 수 있어. 아마 거대한 물고기를 품고 자는 느낌일지도 몰라. 난 품고 잘 물고기 친구는 없어.

대신 난 생리대랑 친한 편이야. 대화도 나누거든. 너희도 아침에 끔찍한 일을 겪게 되면 생리대와 뗄 수 없는 친구가 될 거야. 피가 무릎까지 흘러내려 있고, 어떻게 걸어 나왔는지 모르겠지만 생리대가 내 등짝에 붙어있는 상태로 잠에서 깨는 경우가 있거든. 그럴 땐 생리대와 심각하게 대화를 나눠야 해. 먼저 생리대한테 물어봐야지. 걔도 사정이 있을 테니까. “도대체 너 왜 이러는 건데?” 하고 물어보면 생리대가 머리를 흔들면서 대답을 할 거야. “나도 모르겠어. 내가 왜 이러는지.” 그럴 때면 나는 고개를 끄덕이며 생리대에게 위로의 말을 건네. “나도 마찬가지야!”

내가 잠자는 동안 내 몸에서 무슨 일이 벌어지는지 정말 궁금해서 미칠 것 같아. 왜 자는 동안 몸을 여러 번 뒤척이잖아. 그럴 때마다 생리대도 같이 움직이면서 아침이면 등짝까지 이동해 있는 거겠지. 생리대도 얼마나 힘들까? 안쓰러워. 이럴 때 쓰는 비법이 하나 있어. 팬티를 두 장 입고 자는 거야. 자꾸 움직이는 친구를 묶어두는 방법이지. 팬티 위에 팬티를 하나 더 입고 자봐. 그러면 훨씬 더 안전해질 거야.

지금까지 생리혈 양이 많고 독특한 잠버릇을 가진, 생리대를 친구로 둔 사람을 위한 삶의 지혜였어!

### 여덟! 미니 탐폰으로 코피 막기

나는 코피가 나면 미니 탐폰을 꺼내서 콧구멍에 끼워. 코피 멈추는 데 짱이야. 사이즈도 딱 맞고.

### 아홉! 엉덩이에 상쾌함을 허락하기

생리대 광고로 자기네 제품이 제일 상쾌하다고 아무리 주장해도 다 소용없어. 사람이 아니라 생리대가 상쾌한 거야. 생리대 자기만. 사람을 상쾌하게 해주는 생리대는 없어. 그러니 그들을 믿지 마. 생리대를 착용하면 땀이 차고 답답하고 불편할 수밖에 없어. 사실 이런 느낌을 피할 방법은 없거든. 탐폰이나 생리컵을 쓴다면 몰라도. 생리대 봉지를 뜯으면 카모마일 냄새가 날 수는 있어. 그러나 팬티 안에 있는 카모마일 향 생리대가 2시간 동안 한 숟가락 정도의 피를 받아내면 어떻게 될까? 뭐 별거 있겠니. 카모마일 향 악취가 나게 되지.

그런데 진짜 문제는 냄새가 아니야. '엉덩이 답답증'이라는 병 알아? 한 달에 한 번 생리대와 함께 엉덩이가 겪는 증상이야. 걱정 마! 이 정도 증상은 언니가 알려주는 방법으로 해결할 수 있어. 엉덩이가 너무 답답하면 아무 향기도 나지 않는 베이비 물티슈를 하나 사서 가방에 넣고 다녀. 베이비 물티슈는 어른 엉덩이에도 최고야. 화장실에 갈 때 물티슈로 엉덩이를 닦아주면 돼. 스파에 갔다가 나온 느낌일 거야. 베이비 물티슈 광고 카피에 '엉덩이 스파' 효능도 넣으면 좋겠어. '생리대가 망친 내 엉덩이, 베이비 물티슈가 구한다!' 뭐 이 정도 문구면 될까?

### 열! 입 안에 있는 머리카락 빼기

생리를 부끄럽게 여기는 게 우리 잘못은 아니야. 그동안 가족, 친구, 학교, 텔레비전, 사회 등으로부터 꾸준히 생리는 수치스러운 것이라 숨겨야 한다고 세뇌되어 왔잖아. 너무 많이 들어서 우리 잠재의식에까지 '생리는 부끄러운 것'이란 생각이 깊게 새겨져 있으니까 우리도 모르게 생리를 부끄럽게 여기는 거야.

생리를 한 번도 부끄럽게 여긴 적이 없다는 사람을 만났다면 너희는 지상 최고의 거짓말쟁이를 만난 거야. 내가 정말 바라는 건 우리가 생리에 대해 완전 편하게 말할 수 있게 되는 거야. 당장 그러자고 강요하는 건 아니야. 그러고 싶지 않거나 그러지 못한다 해도 괜찮아. 많은 사람들이 그렇다고 여겨온 사회의 잣대를 따른다고 해서 잘못된 건 아니거든. 대부분의 사람들은 사회가 정한 기준을 따라야 잘하는 것이라고 생각해. 슬픈 현실이지. 까짓것 인정하자고. 그 대신 가끔이라도 생리에 대해 터놓고 말할 수는 있어야 해. 그게 모두에게 좋고 필요한 일이거든.

예를 들어 당장 팬티에 생리대를 부착해야 하는 다급한 상황에서는 앞뒤 가릴 것 없이 "나 생리중이야!" 하고 말할 수 있어야 하잖아. 내가 미처 준비 못했을 때엔 옆 사람에게 탐폰이나 생리대가 있냐고 물어봐야 하잖아. 그런데 학교나 회사 같은 곳은 '생리'라는 말을 편하게 쓸 수 없는 곳들이지.

생리에 대해 한 번도 이야기를 나눈 적도, 생리에 대해 별 고민을 해본 적도 없는 사람들에게 생리에 대한 이야기를 꺼내기는 정말 어려워. 그러니 생리는 재미있는 놀림거리라고 생각하는 고환 보유자가 옆에 있다면 생리 대신에 쓸 수 있는 말을 만들어 쓸 필요도 있어. 앞에서도 얘기했지만 암호 같은 것 말이야. 그 암호를 사용해서 가까운 친구들끼리라도 알아듣도록 해야 해. 예를 들면 이렇게 표현하는 거야.

"나 입 속에 머리카락이 들어갔나 봐. 실 같은 거 빌릴 수 있을까?"

입 안쪽에 머리카락이 들어갔을 때 손가락으로 집으려 해도 잘 안 될 때가 있잖아. 입 안에 실을 물고 혀로 이리 저리 돌리면 실에 머리카락이 묻어 나오거든. 이걸 생리대 빌려달라는 말 대신 쓰는 거지. 이 언니가 알려주는 암호만 사용할 필요는 없어. 꼭 말을 할 필요도 없지.

지금까지 이 언니가 알려 준 '생활의 지혜' 덕분에 너희가 내가 아닌 생리와 더 친해진다고 해도 언니는 하나도 질투 안 나. 이 10가지 지혜는 내가 더 이상 생리와 싸우지 않게 해준 평화 유지군이나 마찬가지야. 언니가 홈쇼핑 호스트는 아니지만 이 비결을 너희에게 꼭 팔아야 하겠어. 참, 돈은 필요 없어. 공짜야. 대신에 너희도 쇼핑 호스트가 되어서 여기 저기 무료로 팔아줘. 친구랑 전화하거나 톡을 할 때마다 알려줘서 여기저기 퍼뜨려 달라고. 우린 이제부터 '생리 호스트'가 되는 거야. 갑자기 '생리 텔레마케터'도 되보고 싶네. 꼭 한번 해봐야겠어.

# 생리대 없이 생리를 시작했을 때

어딘가에서 갑자기 생리가 시작되었다면 어떻게 해야 할까? 생리대도 없는데 말이야. 그럴 때를 대비해서 '생리-클라라'가 미리 알려줄게.

1. 당장 화장실로 달려가서 화장지를 팬티에 깔아.
2. 화장실에 휴지가 없다고? 자궁에 힘을 줘봐! 사실 아무 소용없어. 그렇지만 왠지 순간 도움이 된다는 느낌을 받아. 이럴 땐 기분이라도 좋아져야지.
3. 주변에 있는 친구나 가족에게 탐폰이나 생리대가 있는지 물어봐!
4. 주변에 가족이나 친구가 없다고? 그럼 주변의 다른 여성들한테 탐폰이나 생리대가 있는지 물어봐.

5. 주변의 다른 사람에게 물어볼 용기가 나지 않는다고? 흠, 아주 힘들군. 그럼 다시 힘을 줘야지.
6. 절대 기침도, 재채기도 하면 안 돼! 순간적으로 생리혈이 쏟아져 나올지도 몰라.
7. 가까운 슈퍼나 약국이 있는지 검색해봐! 그러고는 뛰어가는 거야. 너무 빨리는 뛰지 마! 핏방울이 최대한 떨어지지 않게 허벅지에 힘을 꽉 주고 살살 뛰어!
8. 수업이나 회의 때문에 슈퍼나 약국으로 달려가지 못한다고? 그럼 다른 사람이 뛰어야 할 거야. 주변 사람한테 부탁해. 화장실에 갈 때는 전화기를 가져가야 해. 엄마가 전화기를 안 사줬다면 이 책을 보여줘. 아마 당장 전화기가 생길 거야.
9. 홀로 사막이나 강이나 산, 또는 다른 희한한 장소에 있어서 주변에 가게가 아예 없다고? 아쉽군. 그럼 이끼 같은 거라도 찾아서 팬티에 깔아 봐. 여유를 가지고 정신 똑바로 차리고 찾아야 해. 아니면 이상한 걸 집을 수도 있으니까.
10. 어떤 이유로 위에서 말한 방법을 하나도 못 쓸 상황이라고? 그럼 어쩔 수 없이 그냥 피가 흐르게 둬야 해. 이때 우리한테 필요한 건 강인한 정신이야. 위급한 상황이지만 여유를 가져야 해. 그냥 아무것도 아니라고 생각해. 아프지 않지만 피가 흐를 수도 있는 거라고. 사실 나한테도 방법이 아예 없어. 내가 생리 여신은 아니잖아.

# '세계 생리의 날'을 즐기자!

지금까지 생리와 친해질 수 있도록 여러 가지 내용을 공유했어. 뭐 마음에 안 들 수도 있고, 내 생각에 동의하지 않을 수도 있어. 혹 단짝 친구 있니? 왜 맨날 같이 다니면서 밥도 먹고 공부도 같이하는 친구 말이야. 그런데 자기 이야기는 잘 안 하는 친구가 있을 수 있잖아. 무늬만 단짝 친구라고 해야 하나? 어쨌든 생리랑 무늬만 단짝 친구가 되면 그렇잖아. 매달 봐야 하는데 서로 솔직하게 속 깊은 이야기를 나누는 게 좋지 않겠어? 생리가 말하는 건 알아듣기 힘들겠지만 지금까지 이 책을 읽었다면 너희는 생리에 대해 속속들이 알게 되었을 거야. 이 녀석의 특징도 알려줬으니 어떻게 대해야 하는지도 이제 대충은 알 거라고 생각해. 그래도 생리와 친구 맺기 싫은 사람들을 위해 언니가 마지막으로 준비한 팁이 있어.

일단 달력을 들어. 그리고 5월 28일에 동그라미를 쳐! 그리고 이 멋진 날을 기다려! 바로 '세계 생리의 날'이야. 2014년 5월 28일은 인류 최초로 생리를 기념한 날이야. 생리에 대한 지식이 많이 부족한 나라 사람들에게 생리에 대한 경각심을 일깨우는 날이지. 전 세계 자궁 보유자들이 존중받으며 안전하게 생리를 겪을 수 있게 하여 여성 인권을 강화시키려고 지정한 날이야. 여성 인권 수준이 높은 나라들에서도 5월 28일은 의미 있는 기념일이야. 이왕이면 성대하게 기념해야지. 내가 5가지 방법을 알려줄게. 내 생리와 개인적으로 친해지기 어렵다면 세계의 생리와 친해져 보는 거지. 1년에 한 번! 그 정도는 할 수 있을 거야.

### 하나! 자궁 보유자를 위해 좋은 일 하기

지구 반대편에 살고 있는 자궁 보유자들을 돕는 방법은 많아. 돈을 기부하는 것이 가장 간단하고 빠른 방법이야. 지속적으로 기부를 할 수 있다면 좋겠지만 20크로나(약 3,600원) 정도를 한 번만 기부해도 좋아. 어디에 할지 모르겠으면 워터 에이드Water Aid 홈페이지에 들어가 봐. 다른 나라 사람들이 어떻게 깨끗한 물을 얻으려고 노력하는지 살펴봐. 저개발국가에 사는 생리하는 사람들에게 깨끗한 물은 아주 중요해. 감염을 피하고 학교에서 생리대를 갈 때도 물은 꼭 필요해. 생리컵을 써보고 싶은 사람이 있다면 루비컵Ruby Cup을 구입해도 좋아. 루비컵 하나를 팔면 그 회사가 생리컵 하나를 케냐에 있는 소녀들에게 기부하거든. 케냐 소녀들이 생리 때문에 학교에 못 가는 일이 없도록 노력하는 회사야. 아주 바람직하지. 사실 아주 많은 단체들에서 건강한 생리 환경을 위해 세계 각지에서 여러 형태로 활동하고 있어. 더 알고 싶다면 검색해봐. 그리고 마음이 끌리는 자선단체를 하나 골라서 후원을 해보는 거야. 지구촌 여성들이 서로의 자궁을 돌봐주는 모습은 아름답잖아.

### 둘! 생리 파티 열기

친구들을 모으자! 생리하는 사람, 생리 안 하는 사람도. 생리 안 하는 사람들에게 알려줄 게 많잖아. 그 친구들에게 배움의 기회를 주자고. 그러니 모두를 초대하는 거야. 오직 생리 체험으로 가득 찬 하루를 만드는 거지. 빨간 옷을 입고 토마토 주스를 마시며 하루를 온통 빨간색으로 꾸며보는 거야. 자궁이 자유롭게 놀 수 있게 해주는 파티야. 제목이 생리 파티니 하나도 숨길 필요가 없잖아. 친구들하고 파티에서 생리 놀이를 하며 찍은 사진을 인스타그램에도 올려. 생리가 얼마나 특별한 건지 모르는 사람들을 위해 우리는 알려줄 게 많잖아. 그 사람들에게 보지만 말고 같이 파티를 즐기자고 꼬시는 거야. 우리가 올린 사진을 보면 자기들도 파티를 열고 싶은 마음이 들 거야. 이렇게 우리가 꾸준히 모여 여기저기 SNS에 파티 사진을 올리며 생리에 대해 이야기하다 보면 사람들은 생리가 얼마나 중요한지 깨닫게 될 거야. 혼자 하는 것보다 여럿이 모이면 생리에 관해 이야기하기가 덜 부끄럽잖아. 생리 파티는 페미니스트의 흑마술이야. 생리를 숨기고 싶어 하고 여성을 공격하고 싶어 하는 사람들을 막아내는 자기 방어술이지. 꼭 손을 잡고 생리 파티를 열어봐! 무기가 아니라 파티로 우리의 권리를 찾게 될 거야. 단지 파티를 여는 것으로 말이야.

### 셋! 생리 퀴즈 대회 개최하기

사회 선생님이나 생물 선생님이라면 조금의 망설임도 없이 생리 퀴즈 시간을 수업에 넣어야 해. 질문을 던지고 팀별로 답하는 식으로 게임을 하는 거야. 물론 생리 상품도 준비하고. 예를 들어 이렇게 하면 돼.

<u>질문: 왜 생리의 날이 5월 28일인가요?</u>

정답: 여성들은 평균적으로 한 달에 5일 동안 생리를 해요. 그래서

다섯 번째 달인 5월에 생리의 날을 두기로 했습니다. 여기에 생리 주기는 일반적으로 28일이라 5월 28일로 정한 것입니다.

상품: 가장 많이 정답을 맞힌 팀에게는 초콜릿과 생리통 약을 상으로 줍니다.

### 넷! 생리 액세서리 만들기

D.I.Y나 액세서리 가게에 거서 찰흙, 색연필, 액세서리 재료, 귀걸이 재료 등을 사는 거야. 집에 와서 책상 위에 재료들을 펼쳐놔. 의자에 앉아 숨을 크게 쉰 뒤 자세를 가다듬어. 그러면 우리 안에 있는 피카소가 깨어날 거야. 그가 우리 창의력을 최고로 끌어올릴 거야. 그때부터 그 누구도 아닌 나 자신만을 위한 아름다운 생리 액세서리를 만드는 거지. 탐폰 귀걸이나 생리대 팔찌는 어떨까? 손재주가 꽝이거나 창의력이 부족해도 돼. 마음에 안 드는 액세서리가 탄생해도 괜찮아. 왜 현대미술이라는 말 들어봤지? 남자 소변기에 사인을 하고 작품이라고 우긴 마르셀 뒤샹도 있는데 뭐. 추상 예술이라고 하면 그만이니 안심해. 우리 삶에서 생리만큼 추상적인 게 또 있을까!

### 다섯! 생리하는 삶을 사랑하기

뭘 딱히 안 해도 행운을 잡을 수 있는 기회도 있어. 5월 28일 생리의 날에 생리를 하는 친구들은 정말 운이 좋은 거야. 오 마이 갓! 타이밍이 예술이잖아. 이런 날 어떻게 축하를 안 할 수가 있겠어! 언니

또 오버한다! 그래도 어때. 생리대를 특별히 사랑해줄 수 있다면 좋은 일이잖아. 생리대를 개발한 사람들이 어떤 마음이었을지 상상해 봐. 우리를 한 번도 본적 없는 사람들이 우리를 위해 최고의 예술작품을 남긴 거잖아. 생리대는 모두가 소유할 수 있는 작품이야. 생리대를 만들기 위해 애쓴 사람들의 인류애에 감사하는 시간을 가져 봐. 내 팬티 속 작은 발명품 덕분에 우리는 큰 문제없이 학교에 가서 친구들과 어울리고 운동도 하고 공부도 할 수 있는 거야. 소파에 앉아 강아지와 놀 수도 있고 교회에 가서 기도도 할 수 있잖아. 마음 깊이 생리대를 만든 발명가 겸 예술가들에게 고마움을 표해봐. 5월 28일은 생리와 함께하는 삶을 사랑하고, 그 사랑을 모든 여성이 나누라고 제정한 날일 거야. 이 날만큼 우리가 생리하는 여성을 사랑하고 생리대에게 고마워해야 할 날이 또 있을까?

# 남성들에게
# 생리를
# 소개합니다
# !

## 환상적이고 신비로운 여성의 몸

내가 생리를 주제로 책을 쓰겠다고 결심했을 때 맨 처음 깨달은 게 있어. 생리에 관해 제대로 아는 게 거의 없다는 것. 책은 쓰기로 했는데 아는 건 없고. 공부 하나도 안 하고 시험 보는 느낌 알지? 정말 힘들었어. 난 내가 난소와 에스트로겐 수치 등등에 대해 이미 잘 알고 있다고 생각했거든. 그래서 글만 쓰면 될 줄 알았어. 실제로는 글 쓰는 시간보다 생리에 관한 자료를 모으고 관련된 내용을 확인하는 데 시간이 엄청 많이 들었어. 그뿐만 아니라 사이트마다 생리에 관한 사실과 내용이 어찌나 서로 다르게 서술되어 있는지, 도대체 어떤 게 맞는 건지 가리느라 엄청 힘들었어.

의학 관련 사이트에선 이렇게 위키피디아에선 저렇게 말하는 거야. 생리 관련 정보를 주로 다루는 사이트들도 서로 다른 주장을 하는 경우도 많아. 그러니까 내 말은 우리가 인터넷에서 생리로 검색한 결과를 봐도 당장 어떤 말을 믿어야 할지 알 수 없다는 거야. 그리고 이런 현실 자체가 우리 사회가 그동안 얼마나 생리를 하찮게 대해왔는지를 보여주는 명백한 증거인 거야.

나는 생리 전문가가 아니야. 산부인과 의사나 간호사는 더더욱 아니고. 난 그저 내가 그동안 모아온 지식들을 이 책을 통해서 정리해보고 싶었어. 하지만 지식보다는 내 의견을 더 많이 썼어. 생리에 관한 과학적 의학적 지식을 다 알 필요는 없거든. 그런 지식들 중 일부를 모르더라도 괜찮아. 사실 생리를 하게 될 때 발생할 수 있는 모든 시나리오를 검토하지도 못했어. 그 모든 걸 다 다루려면 아마 3년쯤 걸쳐서 두고두고 읽어야 할 두께의 책이 나올 거야.

그러니까 나는 그냥 생리가 조금은 재미있고 긍정적인 것일 수 있다고 말하고 싶었어. 한번은 내가 3개월 만에 생리를 한 적이 있어. 그 일이 있고 난 뒤에는 2주 만에 또 생리를 하고. 정말 황당한 일이잖아. 생리는 원래 규칙적으로 하는 게 상식인데 얼마나 걱정이 되던지. 이렇게 생리는 자기 마음대로 들쭉날쭉할 수 있어. 아직 정확한 원인을 알 수는 없지만 말이야. 나는 2주마다 나오는 그 많은 생리혈이 어디서 생기는지 알지 못했어. 홀로 이 비싼 스톡홀름 아파트에 살면서 음식도 사먹어야 하고 월세랑 전기세도 내야 하는데, 2주마다 새 탐폰을 사야 했으니 정말 울고 싶었어. 그러다 이게 무슨 상황인지 인터넷 검색을 해봤는데 내가 암에 걸렸다는 답을 얻었어. 건강 염려증으로 가득 찬 나의 뇌가 듣고 싶어 하는 답이었지. 그것도 아주 즐거운 답!

그렇게 한 달에 두 번 생리를 한 뒤에는 다시 생리 주기가 평소처럼 돌아오는 거야. 난 왜인지는 모르지만 내 몸이 생리를 조금 더 자주 해보기로 결심한 걸로 생각하기로 했어. 뭐 가끔 그럴 수 있는 거라고. 정상적인 사람도 스트레스를 많이 받으면 생리 주기가 흐트러질 수 있으니까.

심지어 이런 경우를 내 블로그에 올라온 댓글에서 본 적이 있어. 한 여자아이가 정말 좋아하는 남자아이를 사귀었는데 그때부터 생리 주기가 너무 빨라져서 미치는 줄 알았대. 마치 생리가 자기 사랑을 방해하는 것 같다는 거야. 이건 다 생리가 하는 짓이야. 생리는 마치 자기 의지가 있는 것 같거든. 생리는 우리 몸을 자기 마음대로 조정하는 것 같아. 생리의 힘에 경의를 표해!

산부인과 전문의는 너희의 평생 친구야. 나 못지않게 건강 염려증을 가진 우리 엄마는 내가 한 달에 두 번 생리를 할 때 병원에 가서 검사를 받으라고 말했어. 사실 속으로는 병원에 가는 게 너무 무서웠어. 그런데 간호사가 그럴 수 있다고, 정상적인 거라고 말해주더라고. 그때 무척 안심이 되었어.

생리와 관련된 이상 증상을 대수롭지 않게 여기는 건 건강 염려증보다 더 바보 같은 짓이야. 나처럼 좀 이상한 증상이 있다거나 평소와 다른 증상이 느껴지면 바로 산부인과에 가보는 게 좋아. 이상하다 싶으면 주변의 도움을 받는 것도 좋지만 꼭 병원에 가보도록 해. 너희들이 이 책에서 얻지 못한 답을 얻을 수도 있거든. 그건 확실해.

**세상의 절반을 이해할 수 있는 책**

내 생리 책을 다 읽어 줘서 고마워. 도움이 되었으면 좋겠어! 이 책이 출간될 때 나는 생리전증후군 기간이었으면 해. 내가 쓴 책이 출판되는 건 정말 멋진 일이잖아. 이 책이 생리에 관한 책이라는 건 더 멋진 일이야. 이 작은 창조물은 또 하나의 나야. 서점 책장에 반짝이며 꽂혀 있을 것을 생각하면 기분이 좋아져서 어쩔 줄 모르겠어! 생리전증후군과 함께 이 격정적인 감정을 경험하게 되면 도대체 어떤 느낌일지 상상이 안 돼. 눈물이 강물처럼 흐를지도 몰라. 나의 나르시시즘은 한계가 없으니깐!

이 책을 다 읽었다면 꼭 주변에 친한 남성들에게 이 책을 선물하거나 소개해주길 바라. 너희가 아는 걸 하나하나 알려주려면 엄청 힘들 거야. 그 대신에 이 책을 활용해. 남성들이 생리에 관한 진실을 알게 되면 여성들을 이해하게 될 거야. 페미니스트가 되는 거지. 알면 이해하고, 이해하면 사랑하게 된다고 하잖아.

세상의 절반이 또 다른 절반을 이해하게 된다면, 이 세상은 사랑으로 가득 차게 될 거라고 확신해!

생리를 시작하게 되면 크게 심호흡을 해 봐.

그러고는 아무 걱정 없이

완벽한 생리 인생을 펼쳐가 보길 바래.

남자친구와 함께 읽는 생리에 대한 모든 것

# 걱정 마! 생리

**지은이** 클라라 헨리 **옮긴이** 황덕령 **펴낸이** 강이경 **펴낸곳** 고래이야기
**일러스트** 이해민 **디자인** 함께내리는비
**1판1쇄 발행** 2019년 10월 10일 **1판3쇄 발행** 2021년 6월 30일
**주소** 경기도 양평군 용문면 용문산로 340-20 1층
**등록** 제2016-000005호(2006년 8월 29일)
**전화** 031) 771-7863 **팩스** 031) 771-7865
**이메일** whalestory3@naver.com **블로그** blog.naver.com/whalestory3
**페이스북** https://www.facebook.com/whalestory1
**ISBN** 978-89-91941-73-1 03330

* 잘못된 책은 구입하신 서점에서 바꾸어 드립니다.
* 책값은 뒤표지에 있습니다.

이 도서의 국립중앙도서관 출판예정도서목록(CIP)은 서지정보유통지원시스템 홈페이지(http://seoji.nl.go.kr)와
국가자료공동목록시스템(http://www.nl.go.kr/kolisnet)에서 이용하실 수 있습니다.(CIP제어번호: CIP2019033807)